# ¡HOLA! ¿NOS CONOCEMOS?

PAUTAS PARA CONOCERSE A UNO MISMO

## CARMEN MORENO

Título: H O L A ,  ¿ N O S  C O N O C E M O S ?

© 2016 Carmen Moreno

©De los textos: Carmen Moreno Palomo

Ilustración de portada : Foto cedida gentilmente por Zalo Saavedra.

Diseño portada: Marc Alonso Moreno

Revisión de estilo: Juan Carlos Arellano

1ª edición

*A Marc, mi único hijo, mi debilidad, que ha hecho de la arquitectura su profesión y a quien he intentado educar para que sea el arquitecto de su propia vida.*

*A mi madre, que leerá éste libro desde su butaca, sin duda con la sonrisa perenne de sus labios.*

*A mi padre, que lo leerá desde el lugar donde se produce la historia.*

*A mis herman@s y cuñad@s, separados por la distancia y unidos por el cariño.*

*A mis sobrin@s, a mi nuera cómplice, a mi familia en general.*

*A mis amig@s, los cercanos y los lejanos, los que estuvieron y los que siguen estando.*

*De tod@s sigo aprendiendo*

*"Desde que me caí por esa madriguera, me han dicho qué tengo que hacer y quién debo ser.*

*Me han encogido, aumentado, arañado, y metido en una tetera. Me han acusado de ser Alicia y de no ser Alicia, pero éste es mi sueño, y yo decidiré cómo continúa".*

*De "Alicia en el País de las Maravillas"*

*De Lewis Carroll.*

*"Todo gran sueño comienza con un gran soñador. Recuerda siempre: tienes en tu interior la fuerza, la paciencia y la pasión para alcanzar las estrellas y cambiar el mundo". -Harriet Tubman.*

# ÍNDICE

SOBRE LA AUTORA.....................................................10

EL PÁJARO CON ALAS DE ACERO ...........................11

FÁBULAS CASTELLANAS.........................................17

ESPACIO ETÉREO. EL COLOR AZUL. .......................22

EL PÁJARO AZUL ......................................................29

LINEALIDAD MASCULINA......................................33

DATE PERMISO PARA SER HUMANO ......................36

EL MAGO DE OZ .......................................................41

EL CABELLO DORADO ............................................53

EL ORÁCULO DE DELFOS .......................................56

MIÉRCOLES 15 DE OCTUBRE – SERENDIPIA.............61

EL PRIMER VIAJE EN GLOBO ................................66

DE UN SER HUMANO ......................................66

HOLA, ¡QUÉ TAL! ¿NOS CONOCEMOS?......................71

LOS TIPOS PSICOLÓGICOS DE CARL JUNG ..................76

DIFERENCIAS ENTRE PERSONALIDAD, CARÁCTER Y TEMPERAMENTO. ..........................................82

PROGRAMACIÓN NEUROLINGÜÍSTICA (PNL) / COACHING E HIPNOSIS CLÍNICA..........................87

ESPEJISMOS DE LA MENTE: .............................96

LA INDEFENSIÓN APRENDIDA, LA PROFECÍA AUTO CUMPLIDORA Y EL EFECTO HALO ..........................96

CONSCIENTE – INCONSCIENTE Y SUBCONSCIENTE 101

ENEAGRAMA ...........................................103

UN POCO DE NEUROCIENCIA ............................129

¿QUÉ ES EMPRENDER? ................................135

LA INTELIGENCIA EMOCIONAL..........................137

COMPETENCIAS .......................................139

COMPETENCIAS PSICOLÓGICAS PERSONALES .......142

LOS ESTADOS DEL YO. ANÁLISIS TRANSACCIONAL ..................................................................158

AUMENTAR LA AUTOESTIMA ROMPIENDO LAS CREENCIAS LIMITANTES ...........................................161

RELACIONES INTERPERSONALES. CANALES DE COMUNICACIÓN ...................................................163

EL HOMBRE DEL GRAN BIGOTE ...................168

APRENDIZAJE ............................................171

LA MARIPOSA AZUL ....................................174

LA REALIDAD DE NUEVO ..............................176

NOTA DE LA AUTORA ...................................179

¿QUIERES TOMAR TUS PROPIAS NOTAS? .................183

# SOBRE LA AUTORA

Carmen Moreno Palomo, nacida en Barcelona, es licenciada en Psicología, Psicóloga-Coach acreditada por el Colegio de Psicólogos de Cataluña, Practitioner en Programación Neurolingüística (PNL) y Postgrado en Hipnosis Clínica por la Universidad de Barcelona. Postgrado en Dirección de Recursos Humanos y Postgrado en Dirección Financiera por la Universidad Autónoma de Barcelona. Su vida profesional ha transcurrido durante mucho tiempo en el ámbito de los Recursos Humanos, dedicándose tanto a la Dirección como a temas de desarrollo personal.

# EL PÁJARO CON ALAS DE ACERO

Néstor tenía la sensación de que su madre le había obligado a nacer en enero para arraigarlo a la tierra, pues había oído que los capricornios mantenían los pies anclados en firme. Tenía una intuición, no se equivocó, trajo al mundo a un soñador.

Hacía frío y nevaba. No entendía por qué aquellos cambios de temperatura tan bruscos. De repente había abandonado el calor del vientre materno y maldijo no haber podido elegir la fecha de su nacimiento. Se prometió a sí mismo que a partir de entonces, siempre sería él quien elegiría la fecha para nacer, volvería a estar bajo cobijo y llevaría las riendas de su vida. De hecho, así lo procuró durante toda su vida. Desde el primer momento, se había empeñado en saber de donde venía aquel manto blanco que cubría las calles y había decidido averiguarlo. Creció y jugó en aquella calle con los otros niños. Las mismas calles en las que jugaba el poeta Darío. Pero pronto descubrió que él era diferente. No le divertía jugar siempre a lo mismo, le aburría la monotonía. Pasaba más frío que los demás, se mojaba más cuando llovía. Y decidió inventarse sus propios juegos al calor del hogar. Más tarde, alguien le diría que había nacido diferente. Con una piel más delgada de lo habitual. Comenzó a comparar y sí, era verdad. Su madre, preocupada en arraigarlo a la tierra se olvidó de fabricarle una de las siete capas, se olvidó de la epidermis.

Un día, a través del vaho del cristal de la ventana vio cómo la calle se tornaba blanca. Con la mano limpió un trozo del vidrio para pegar la nariz y mirar a través de él. Acercó aún más su cara a la ventana para seguir el camino de las volvas. Su nariz estaba helada, roja, pero su descubrimiento merecía la pena. Aquella harina venía del cielo, como la lluvia. Y se prometió que un día subiría a cogerla directamente con sus manos, antes de que se deshiciera en el suelo. Esta maravilla no podía ser tan efímera. Al cielo le permitían llorar y a él no.

Miraba la trayectoria de la luz que, reflejada en la ventana, parecía pedir permiso para entrar. Él miraba sus manos, extendía sus dedos y podía apreciar hilos de colores que se enredaban entre el índice y el corazón. Rojos, verdes, azules, amarillos…Marañas con las que jugaba con el fin de deshacerlas aunque ellas se resistieran y quisieran permanecer inmóviles. Intentaba encontrar el cabo que le permitiera crear formas y dibujos, pero el enredo siempre le ofrecía resistencia. Más tarde, supo que aquello se llamaba arco iris y que también parecía formarse en el cielo. Algún día iría a descubrir ese espacio que le dedicaba guiños.

Tan estática era la realidad que juró crearse otro espacio más moldeable, donde no fuera todo fruto de la física sino de la plasticidad del aire, sin forma ni tamaño, sin colores. En todo caso, azul. Así, él podría crearlo a su manera.

Pasó el tiempo y, con él, cada manecilla del reloj iba arrastrando historias que se adherían a las paredes. No podía ser de otra manera. No cabían en caja alguna. Allí quedarían para siempre hasta que ya no cupieran más y hubiera que salir a buscar otros continentes mayores.

Las guardaba todas en su corazón, no olvidemos que le faltaba una capa de la piel, por lo que era mucho más permeable de lo que hubiera querido. Descubrió sus sueños, plasmados entre tapas duras y lomos de gasa. La misma gasa que, empapada en mercromina roja tuvo que cubrir tantas veces sus rodillas desnudas cuando regresaba a casa tras sus juegos, de los cuales, los arañazos y raspones delataban donde había estado. Descubrió secuencias de letras que conseguían transportarlo a mundos lejanos donde él mismo podía poner caras, sin necesidad de verlas. Su imaginación volaba de forma parecida a cuando miraba hacia el cielo para ver aquellos puntitos brillantes que parecían indicarle el camino que iba no se sabía bien hacia a donde. Era fantástico, misterioso y decidió contarlas. Contó las letras para saber si había el mismo número que aquellos luceros que le habían dicho llamarse estrellas. Y se produjo otro descubrimiento. Sólo existían 27 letras. Con sólo 27 letras se podían narrar tantas historias como la imaginación del escritor quisiera. Cada vez más cerca de juntar cielo y tierra.

Un día escuchó una melodía. Néstor era un niño curioso. Quiso saber. Quiso conocer cómo los oídos, al igual que los ojos, le habían llevado al mismo lugar. Comenzaban a despertarse en él los sentidos. ¿Habrá 27 letras en la música? –se preguntaba-. Y siguió investigando. Cerraba sus ojos y escuchaba la música sin necesidad de oírla. Se había instalado en su imaginación. Los ojos cerrados y los oídos mudos le hacían volver a los algodones de las estrellas. Descubrió que la música estaba formada por 7 notas. No lo podía creer. ¡Sólo 7 notas! Devoraba aquellas historias escritas y aquellas músicas que le hacían más fácil conectarse con las nubes. Pero olvidaba que su piel era permeable. Nació con ese pequeño defecto, todo lo que veía y escuchaba le calaba hasta dentro. Se recreaba cada vez que quería recordar todo lo que iba guardando en su corazón. No le explicaron que el corazón tenía un tamaño ínfimo, comparado con su imaginación. Las letras y las notas se agolpaban dándose codazos para instalarse por los rincones. Lástima –pensó-, si mi piel fuera impermeable, actuaría de filtro y no permanecerían todas las experiencias vividas.

En parte, resbalarían como resbalaba la lluvia por el chubasquero que su madre le obligaba a ponerse. Aquella trinchera que tanto detestaba. Pero nació con ese don. Para algunos representaba un don lo que para él representaba un defecto. Los pájaros tampoco tienen la misma piel que los humanos –pensó-. Vuelan, suben a esos lugares donde todo es maravilloso. Quiso ser pájaro. Pero los pájaros tienen plumas –continuó pensando-. ¿Las plumas protegen? Néstor era muy curioso, y también investigó ese detalle. Comprobó que las plumas tampoco protegían lo suficiente. Se hizo con unas alas de acero.

-   Ahora sí podré volar, a los lugares soñados, y me quedaré sólo con aquello que quepa en mi corazón. Las alas de acero me protegerán –musitó-. Voló y siguió soñando.

Se convirtió en un ser vitalista, irredento y epicúreo. Se apuntaba a cualquier lista que hiciera de la vida algo gozoso y feliz, fuera la buena mesa, una tertulia entre amigos o un viaje de placer, aunque fuera al cine de la esquina.

Sobrevolaba una y otra vez las mismas rutas, no apreciaba cambio alguno, salvo algunas variaciones en la meteorología. Bueno, y a veces en su humor, pero eso era cosa suya.

# FÁBULAS CASTELLANAS

Los libros eran su refugio en aquellas largas esperas, entre destino y destino. Hoy tocaban fábulas.

*"Un gallego fue a la guerra de Granada, y hiriéronle en la cabeza con una saeta. Viéndole un cirujano, dijo:*

*- No se escapará porque la saeta entró por el seso*

*El gallego le dijo:*

*- Eso non pode ser*

*Replicó el cirujano:*

*- Yo lo veo*

*Respondió el gallego:*

*- Digo que no puede ser eso, porque no tengo seso, pues si seso tuviere, no hubiera venido a la guerra"*

Cerró el libro y los ojos un momento para pensar en la moraleja de la fábula. Realmente, las fábulas encerraban verdaderas lecciones de vida. Ésta que acababa de leer no estaba mal. El mensaje le transportó a otros parajes, a otras vivencias y a otras historias que, relatadas sobre el papel, también le hicieron, en otras ocasiones, extraer algunas moralejas. Rememorando, fue transportando sin querer sus pensamientos a diferentes lugares a través de las historias que había leído en su infancia. Los personajes del libro "El mago de Oz" le hicieron vivir en su momento sueños fantásticos, que, sin darse cuenta, le iban introduciendo en el placer de la lectura. Él pensaba que el protagonista, en realidad, no era el mago sino la niña, que, intentando ayudar siempre a los demás, se iba encontrando a su paso con diferentes personajes, a los que pretendía solucionar sus problemas. Así, el león, que, creyéndose cobarde, iba en busca de valentía; el espantapájaros, que soñaba con un cerebro para sustituir la paja con la que alguien le había rellenado la cabeza; el hombre de hojalata, que ansiaba un corazón para poder tener sentimientos.

Se acordó entonces de un personaje que, como él, siempre corría. Éste personaje tenía unas enormes orejas puntiagudas y sonrosadas. Su pelaje era blanco y sus ojos, que siempre parecían estar a punto de saltar de las órbitas, denotaban que el tiempo siempre iba más deprisa de lo que él querría. Además llevaba un reloj que así se lo recordaba a todas horas. Más bien a todos los minutos. Lo miraba continuamente. Aquel reloj que estaba aferrado a su bolsillo mediante una cadenita dorada como si fuera un cordón umbilical. *¡Llego tarde! ¡Llego tarde!*, siempre exclamaba. ¿Qué sería de él? ¿Qué sería del conejo del cuento? Hacía mucho tiempo que lo había encontrado dentro de un libro de su hermano: "Alicia en el País de las Maravillas". Pero había pasado mucho tiempo. Sí, realmente, la vida pasaba muy deprisa. Recordó el diálogo entre Alicia y el conejo mientras caían por el aire, al tropezar en la madriguera:

- *Señora, ¿estamos en Nueva Zelanda, o en Australia?*

- *"¡Válgame mis orejas y mis bigotes, qué tarde se me está haciendo!"* –gritaba el conejo cuando dejaron de caer y tocaron algo que les paró el movimiento-.

Alicia siguió tras el conejo hasta que, no sabía cómo, le perdió la pista. Pensó en de qué manera se había esfumado, pero antes de encontrar alguna respuesta, vio ante sí un inmenso espacio, azul, algodonoso, de nubes blandas y esponjosas. Creyó que era un espacio bonito. Su color azul hacía destacar aún más el color blanco puro de las nubes que se esparcían de manera completamente caprichosa y aleatoria. Sentada sobre una de ellas apareció ante Alicia un personaje que llamó su atención. Fumando una pipa de color marrón se dirigió hacia ella con un *"¿Quién eres tú?"*, una oruga parecida a las que alguna vez había visto en el cesto de las manzanas de su madre. Ésta, sin embargo, era distinta. Le parecía haberla visto anteriormente, pero no acertaba a saber cuándo. Del mismo color que el cielo, le pareció a Alicia que no sería una oruga común. No se equivocó. Era la Oruga Azul. Ante su pregunta, y despúes que pudo recuperar el habla, Alicia volvió a escucharla.

- ¿Quién eres tú? –preguntó de nuevo la oruga de manera imperativa- ante lo cual, Alicia se incomodó. No creyó que fuera la manera más adecuada de comenzar una conversación con un extraño.

- Me parece que debería ser usted, quien se presentara primero –contestó Alicia-.

- ¿Por qué? –inquirió la Oruga-.

Alicia empezaba a enojarse y pensó que ante la antipatía de aquél personaje la única salida sensata era marchar. Escuchó, no obstante, otras palabras que la oruga le dirigió y que hizo replantearse su huida.

- Tengo algo que contarte –dijo la Oruga-.

Alicia se quedó, ya que no tenía nada más que hacer. Sólo tenía perplejidad y ganas de saber qué había ocurrido. Desde que estaba sentada en el bosque con su hermana, desde que se levantó para recoger margaritas para la fabricación de una corona de flores, desde que corrió tras un conejo con un reloj, y desde que cayó en una madriguera, no recordaba nada más. No podía llegar a entender cómo había llegado hasta aquél lugar tan extraño. No solo eso, sino que no alcanzaba a encontrar respuestas en cuanto a aquel bicho, que no tan solo hablaba, sino que fumaba en pipa. Lo del conejo ya le pareció raro. Un conejo corriendo, gritando y además con un reloj en el bolsillo. Pero lo de este ya era el colmo. Encima malhumorado.

# ESPACIO ETÉREO. EL COLOR AZUL.

- Como ves soy una Oruga pero me llaman la Oruga Azul. ¿Cómo te llamas tú? –la oruga pensó que sería mejor ser algo más amable-.

- Soy Alicia. Aunque, realmente, te contesto a cómo me llaman. Decirte quien soy, soy incapaz. No lo sé ni yo misma.

- Oye, ¿tú te has muerto alguna vez? -preguntó la Oruga-.

- ¿Cómo? –contestó Alicia-.

- Sí, quiero preguntarte si has dejado de vivir alguna vez.

- Pues la verdad, no lo recuerdo. ¿Cómo tendría que saberlo?.

- Hombre, eso se nota, aunque no estoy muy segura, dicen que cuando te mueres dejas de vivir.

- ¡Ah! Pues entonces, creo que no, porque me parece que sigo viva, o no. Mira, déjame pensarlo, ya te contestaré. Por cierto, ¿y tú?.

- Yo sí, me he muerto una vez –dijo de manera parsimoniosa la Oruga-.

- Pero ¡qué tonterías dices! ¡Solo te puedes morir una vez!.

Alicia pensó para sus adentros, que no solo era un ser extraño, sino, que ahora comenzaba a creer que estaba loco. Seguía intentando recordar donde lo había visto antes.

- No, perdona, si quieres encontrar la inmortalidad te tienes que morir cuatro veces, y pasar por los cuatro estados de la materia: tierra, aire, agua y fuego –insistía la Oruga-.

- ¡Estás loca! ¿Cómo te vas a volver inmortal?.

- No crees en la inmortalidad, ya veo. Yo tampoco creía, hasta que leí a Milan Kundera. A partir de entonces pensé en esa posibilidad.

Pues no. ¿Quién es ese? –Contestó Alicia- Te explico: en la obra *"La inmortalidad"* de Milan Kundera hay dos personajes, que de manera diferente, ansían la inmortalidad. Ambos andan por ahí. Quizás te hable de ellos más adelante.

- El gusano, haciendo uso de sus conocimientos mientras fumaba su pipa, puso a Alicia en antecedentes sobre algunos personajes con los que se encontraría más tarde. La Oruga Azul ya los había saludado anteriormente y ahora le tocaba trasmitir la información a Alicia. Uno de estos personajes es uno de los muchos amores de Goethe. Goethe era un escritor de inteligencia superdotada, sumamente curioso que acumuló una vasta cultura. Estudió lenguas al tiempo que escribía sus primeros poemas, se interesó por otras ramas del conocimiento como la geología, la química y la medicina. El amor de Goethe se llamaba Bettina. Aunque de quien estaba Goethe realmente enamorado, era de la madre de Bettina, Maximiliane, en la cual se inspiró para crear el personaje "Werther". En esta obra suya, "Werther", aparece una tal Carlota, que bien podría ser la representación literaria de Maximiliane. Con Bettina, su flirteo fue más platónico que erótico. Ella durante años le estuvo escribiendo cartas que solo publicó a la muerte de su amado, en un libro con el que pretendió hacerle un homenaje y a la vez propinarle una bofetada a la viuda. Aunque fue una escritora reconocida, destacó más por su personalidad enigmática, que por su obra en sí misma. Uno de sus amores de viudedad, Pückler-Muskau, decía de ella que disponía de una 'sensualidad cerebral', como característica atrayente hacia los hombres. Quizás por ello, Goethe se sintió atraído por ella. Bettina decía que se negaba a morir en el presente y en sus preocupaciones. Decía querer trascenderse a sí misma, ser parte de la historia porque esta era, según ella, la memoria eterna.

- Vaya jugarreta, para la viuda, me refiero.

- Bueno, ya conocía de su existencia en vida de Goethe. De todas formas, no era un amor correspondido. Él era un adulto y ella casi una niña, no sintió por ella sino una mezcla de aprecio y simpatía irónica, aunque en determinados momentos le pareciese "un enojoso moscardón".

- ¡Sí que sabes cosas! –Dijo Alicia- Yo quiero aprender contigo. Me gustas más así que malhumorado. ¿Quién era el otro personaje del que me hablabas de inmortalidad?.

- El otro personaje es Laura. Laura es un espíritu libre, a pesar de lo cual vivió de manera atormentada en busca de su ideal. Enamorada en silencio del marido de su hermana Agnes, se casó con él cuando enviudó. Durante toda su existencia no procuró otra cosa que "hacer algo" para que la recordasen todos los que la habían conocido.

- ¡Vaya historias me cuentas! Pero, ¿qué es eso de haber de morir cuatro veces para volverse inmortal?.

- Sí, como te he dicho, tenemos que pasar por los cuatro elementos: tierra, aire, agua y fuego. Hemos pasado por la Tierra y ahora nos corresponde el Cielo. Por eso estamos aquí, pero después de un tiempo nos volveremos a morir e iremos al elemento agua. De lo contrario, aquí no cabríamos todos.

- Me suena muy raro todo esto, aunque, hombre, de todas formas, un poco de razón debes de tener, y si intento recordar qué me pasó, recuerdo que caí en una madriguera, tras un maldito conejo que parecía tener prisa, ¡llego tarde!, ¡llego tarde! –gritaba-. Y yo, que estaba buscando margaritas para hacer una corona de flores, fui tan tonta que corrí tras él. La curiosidad mató al gato, caí en la estúpida madriguera, corriendo tras el estúpido conejo.

- Por cierto, tu hermana movilizó a todos para que salieran a buscarte. Decía que buscabas margaritas y que de pronto saliste corriendo tras un conejo –dijo la Oruga-.

Alicia rompió a llorar, mientras empezaba a ser consciente de lo que había pasado, a la vez que cayó en la cuenta de qué conocía a aquel extraño gusano.

- Lo siento, lo siento mucho, pero ¿sabes? yo estoy aquí por tu culpa -dijo la oruga-. Estaba sentada sobre aquella seta esperando que pasaras para ofrecerte sus poderes mágicos. Se los ofrecía a todo el mundo que pasaba por allí. Con aquel hongo podías aumentar o disminuir tu tamaño, pero pasaste de largo corriendo tras un conejo. No me dio tiempo ni siquiera a preguntarte tu nombre. Me alegra poderlo hacer ahora, pero ya no puedo ofrecerte los poderes mágicos de la seta, desafortunadamente.

Alicia se secó las lágrimas con la manga derecha de su vestido azul.

- ¿Por mi culpa? Lo que me faltaba. ¿Qué te pasó? -preguntó Alicia-.

- Todo el mundo buscaba y buscaba, gritaban tu nombre. Yo permanecía tranquilamente fumando mi pipa encima del enorme champiñón. Hasta que ¡zas! una gran bota me trajo hasta aquí. Quedé sepultada bajo la enorme suela –contestó la oruga-.

- ¡Oh cuánto lo siento!, Oruga azul. Ya oí que me llamabas y me ofrecías algo poderoso que podía modificar mi tamaño, pero pensaba que estabas loca.

- Qué importa eso en este momento, ahora estamos muertas las dos  –continuó fumando su pipa-.

Alicia se sintió algo contrariada por lo que acababa de oír, por creerse muerta y por echarle a ella la culpa de la muerte de la Oruga. Giró la cara y balbuceó en voz baja:

- Por supuesto que no tiene importancia, ya que, en breve, dejarás de ser oruga para convertirte en crisálida.

Alicia se levantó despacio y comenzó a investigar su entorno. Levantó los ojos y vislumbró un tono azul, mucho más hermoso que el azul de la oruga. Soplaba una brisa fresca que hacía que sus cabellos rubios le taparan la cara. Los apartaba a la vez que intentaba mantener el equilibrio. Bajó la vista hacia sus pies y se percató de una superficie algodonosa, blanca y mullida que le recordaba a los algodones que su madre le ponía cuando le sangraba la nariz. Balanceándose sobre tal terreno intentaba no caer y mantenerse en pie. La oruga, sin embargo, continuaba impasible fumando su pipa, mostrando una ancha sonrisa.

Y así, Alicia emprendió su particular viaje hacia el conocimiento, hacia la necesidad de satisfacer sus ansias innatas de saber.

# EL PÁJARO AZUL

"Dentro de la jaula de mi cerebro está preso un pájaro azul que quiere su libertad".

Alicia apartó el cabello de delante de su oreja derecha e intentó adivinar de donde venía esa voz. La frase se repetía una y otra vez, y Alicia se dirigió hacia el lugar del que creía que provenía. Apartada y envuelta entre las nubes apareció la figura desgarbada y enjuta de un hombre. Mantenía entre sus manos, como si fuera un tesoro, un vaso que contenía un líquido de color verde ajenjo. Por primera vez en mucho rato, veía un color que no era el azul –pensó para sus adentros-.

El hombre, con la vista alzada, gritaba cada vez con más ahínco: "Dentro de la jaula de mi cerebro está preso un pájaro azul que quiere su libertad".

La niña, que ya tenía abiertos los dos oídos, abrió también de par en par sus grandes ojos.

- ¿Quién es ése? ¿Otro loco? Pues vaya plan, acabo de dejar un personaje extraño, la oruga azul, y ahora otro más, yo que creía que el conejo era raro, veo que aquí también hay gente extraña. Bueno, creo que me enseñarán muchas cosas sobre la vida. Aunque, si es verdad que estamos muertos, ¿me enseñarán sobre la muerte? Vamos a ver qué pasa.

- Hola, ¡qué tal! ¿Nos conocemos? -le preguntó-.

El individuo bajó su vista e interrumpió su frase.

- "Dentro de la jaula de mi cerebro está preso…Eh! ¿Quién eres tú?.

- Soy Alicia, ¿y tú?.

- Me llamo Garcin, el personaje de Rubén Darío.

- Pero ¿Rubén Darío no era un poeta? Me lo enseñaron en la escuela.

- Pues eso, Garcin, un personaje de la obra El Pájaro Azul de Rubén Darío, por eso me llaman el pájaro azul. Me llaman así porque tengo un pájaro azul en el cerebro. Me encantaban los libros, sobre todo los viejos, que, llamativos, aparecían tras los cristales de las librerías esperando que alguien los comprara. Me hubiera gustado comprarlos todos, pero, ¡oh Dios! ¡Eso era imposible! En aquellos momentos, miraba al cielo, me deleitaba con su color azul y regresaba a mi café preferido. Volvía al café Plombier de París. Allí me reunía con mis amigos y contertulios y bebía ajenjo. Les llevaba mis versos y ellos me aplaudían. Un día, recibí una carta de mi padre en la que me decía que debería llevar unos libros al almacén y que cuando lo hubiera hecho, quemara sus manuscritos. Sólo así obtendría su dinero. En lugar de aquello, escribí unos versos que leí a mis compañeros del café Plombier. Los titulé "El pájaro azul". Mi inspiración era Nini, la mujer con los ojos más hermosos del mundo. Azules como éste cielo.

Mi vida era dichosa con sólo pensar en ella. Hasta el día en que Nini murió. En ese momento mi vida se apagó. Avisé a mis amigos del café. Les dije que, en aquel día de primavera, dejaría abierta la puerta de la jaula del pájaro azul. Parecieron no entender lo que les decía. Al día siguiente, cuando regresaron al café, encontraron mi nota en la que se podía leer "Hoy, en plena primavera, dejo abierta la puerta de la jaula al pobre pájaro azul". Junto a la nota, mi cadáver con un tiro en la cabeza. No tuve escapatoria. La vida ya no tenía sentido sin inspiración. Sin Nini.

- ¿Quiere eso decir que te has muerto? ¡Caramba! Otro -dijo Alicia-. Acabo de dejar a alguien que me habla de no sé qué dos personajes de Kundera y de inmortalidad. Ahora me encuentro contigo y me hablas de Rubén Darío. Creo que en este lugar voy a aprender más que en la escuela.

- ¡Ay pobre de mí! ¡Qué guapa era ella! –gritaba el Pájaro Azul-.

31

- ¿Hablas de Nini? –preguntó Alicia–.

- Por supuesto, de mi amada. Tenía los ojos más bonitos que he visto nunca. Azules como el cielo. ¡Nini! ¡Nini!.

Alicia enmudeció y se mantuvo mirando aquel hombre que le pareció sublime y misterioso a la vez. Pensó que, sin pensar, pensaba.

Quizás era el momento, o el lugar, o ambas cosas, para aprender.

Le preguntaría sobre Rubén Darío, pues le interesaba conocer.

Garcin bebió de un trago lo que le quedaba en el vaso, sin prestar demasiada atención a su admiradora.

# LINEALIDAD MASCULINA

Alicia se sentó un rato a descansar, necesitaba, sin embargo, recomponer más su mente que su cuerpo. Demasiadas emociones juntas. No llegaba a entender qué hacía ella en aquel lugar. Antes de caer en la madriguera, su hermana le decía que la vida era anodina, aburrida y rutinaria. ¡Cómo le gustaría que ahora estuviera allí con ella! Aquello era todo menos aburrido. El crepitar de unos pasos sobre las burbujas de las nubes donde se hallaba sentada, le hizo girar la cabeza hacia atrás. Vio acercarse la silueta de un hombre. Vestía un frac azul. ¡Azul! –pensó Alicia-. Aquí no existe otro color, excepto el brebaje del atormentado. Esperó a que se acercara el hombre y sin levantarse dirigió su mirada hacia los ojos del extraño. Parecía triste y nervioso.

- ¡Hola, ¡qué tal! ¿Nos conocemos? -dijo Alicia-.

- ¿Dónde estoy? ¿Quién eres tú? -contestó el extraño-.

- Vaya, pensaba que tú me darías éstas respuestas. Dónde está Lotte?.

- ¿Lotte? ¿Quién es Lotte?.

- Mi amada. La mujer más hermosa del mundo.

- Pues no sé qué decirte, hace rato, otro triste como tú me ha dicho que la mujer más hermosa del mundo se llama Nini. ¿Qué os pasa a los hombres? Ya me advertía mi hermana. En fin, no sé si te va a gustar la idea, pero parece ser que estamos en el cielo. Presumiblemente nos hemos muerto.

El hombre se cubrió la cara con ambas manos y empezó a sollozar.

Werther, que así se llamaba, hablaba en voz baja.

- Me lo imaginaba. No me quedó otro remedio. Era o Albert o yo. Luchamos por el amor de Lotte. Uno de los dos debía morir. A Lotte la conocí en un baile, en Wahlheim. Quedé prendado al instante. Ella, no obstante, ya estaba comprometida con otro hombre, Albert, once años mayor que ella. No pude resistir el verlos juntos. Tuve que marchar de Wahlheim. Me fui a vivir a Weimar. Cuando regresé, Lotte y Albert ya estaban casados. Yo quería continuar viéndola, pero Lotte me insistía en la no conveniencia de aquellos encuentros. Nos besamos y me fui. Lotte me pidió que me marchara. No tuve escapatoria, no podía seguir viviendo sin ella. Escribí dos cartas, una de despedida y otra solicitando a Albert que me hiciera llegar dos pistolas, que las necesitaba para un viaje. Albert le pidió a Lotte que me las enviara. Lotte era muy lista, y supo enseguida que lo del viaje era una excusa. Sólo necesité una de las dos, no tenía más salida. Mi criado quiso rescatarme, pero ya no pudo hacer nada por mí. Sonaban las campanas de medianoche en Wahlheim.

-Oye -dijo Alicia- ¿Esta Lotte tiene algo que ver con Carlota?

- Si, efectivamente. Es la misma persona. Algunos llamaban a Carlota Lotte. ¿La conocías?

- No, pero algo me han explicado por aquí. Estoy aprendiendo mucho en este lugar.

- Carlota ya me advertía que yo corría voluntariamente hacia mi ruina, pero ¿cómo parar éste amor inmenso por ella?

Ella creía que mi interés se sustentaba porque yo sabía que ella pertenecía a otro hombre, y eso exaltaba mi pasión, pero no era verdad.

# DATE PERMISO PARA SER HUMANO

Alicia, sin salir de su asombro, intentaba asimilar todo aquello que le estaba pasando. No era fácil. Y sin pensar que pensaba, pensó en algo que su hermana le contó un día. En aquel lugar envuelto de aire parecía que las ideas revoloteaban y fluían de manera natural. Parecía ser el lugar del pensamiento.

Su hermana le narró una vez una historia sobre la necesidad de darle un sentido a la existencia. Sin duda, estos dos personajes a los que acababa de conocer, creyeron que sus vidas carecían de sentido.

Werther creyó que sin su Lotte no tenía sentido seguir viviendo.

Garcin se sintió igual sin Nini.

Alicia recordó que su hermana le habló un día de un tal Viktor Frankl, cuya vida se desarrolló en campos de concentración nazis. Estudió el grupo a quien se les daba la oportunidad de continuar con vida y no ejecutaban, quién y por qué sobrevivía y quién no. Frankl llegó a la conclusión de que el filósofo Nietszche tenía razón cuando decía: *"Aquellos que tienen un por qué para vivir, pese a la adversidad, resistirán"*. Pudo comprobar también que las personas que tenían esperanzas de reunirse con sus seres queridos o que tenían proyectos que les mantenían ilusionados, disponían de más recursos emocionales para afrontar las condiciones adversas. Habló entonces de la "voluntad de sentido"-Alicia iba repitiéndose todo esto en voz alta, para asimilar lo que estaba viviendo-.

- Mi hermana decía que Frankl pensaba que aquellos que sienten un vacío existencial no encuentran su lugar en la vida. Se sienten hueros y les cuesta seguir adelante. Ahora puedo apreciar lo que quería decir. Acabo de conocer dos claros ejemplos. Aunque yo, que soy una ingenua, creo que se puede encontrar sentido a la propia vida sin depender de nadie ni de nada. La existencia te ofrece multitud de oportunidades para poder disfrutarla. Sin embargo ahora ya es un poco tarde, creo, si es verdad que me he muerto. Mi hermana también me contó que Viktor Frankl decía que no se sufre por la acción de la otra persona, sino por lo que sentimos, pensamos e interpretamos de lo que hizo, por consecuencia directa de haberle dado el control a alguien ajeno a nosotros. Que no podemos pasarnos la vida cediendo el poder a alguien más, porque terminamos dependiendo de elecciones de otros, convertidos en marionetas de sus pensamientos y acciones. Definitivamente, que nadie puede decidir por nosotros. Nadie puede obligarnos a sentir o a hacer algo que no queremos, que tenemos que vivir en libertad. Que no podemos estar donde no nos necesiten ni donde no quieran nuestra compañía. Que no podemos entregar el control de nuestra existencia, para que otros escriban nuestra historia. Me quedé con algo que me explicó, que entonces no entendí y ahora sí: que tal vez tampoco podamos controlar lo que pasa, pero sí decidir cómo reaccionar e interpretar aquello que nos sucede.

*"Al hombre se le puede arrebatar todo, salvo una cosa: La última de las libertades humanas -la elección de la actitud personal que debe adoptar frente al destino- para decidir su propio camino".*

Ahora que pienso, ¡en éste lugar se puede llegar a pensar sin saber que pensamos!. Recuerdo que mi hermana también me habló de un discípulo de Frankl, Tal Ben Shahar, un profesor de psicología positiva de la Universidad de Harvard. Decía que el amor y el trabajo crean retos en la vida y también proveen los mejores momentos. Que si aprendemos a aceptar algunas veces una lucha en nuestra relación o en el trabajo y luego a celebrar los buenos momentos, disfrutaremos de una gran cantidad de felicidad en nuestras vides. A propósito de esto, en una ocasión, el profesor Ben Shahar recibió un comentario de un joven, quien le dijo:

- Me fijaré en usted y si le veo siempre feliz, me matricularé en su curso. A lo que el profesor le contestó:

- ¿Usted cree? Si usted me ve siempre feliz, posiblemente se deba a que soy un psicópata, o a que estoy muerto. Porque sólo los psicópatas y los muertos no sienten nunca envidia, celos, tristeza o dolor, y nunca fracasan.

- ¿Qué enseña usted entonces? –preguntó el alumno-.

- Dese permiso para ser humano. ¡Verá qué alivio! Sólo cuando deje de negar errores y de bloquear emociones negativas, permitirá que le afecten también las positivas -contestó el profesor-.

El joven tuvo materia en la que pensar, se percató que la felicidad no venía envuelta en el apego a algunos errores cometidos, que seguramente habría que admitirlos y no recrearse en lo negativo. Que valía la pena no martirizarse con las culpas, que las personas somos seres sociales y necesitamos, por ello, conectarnos con los demás, pero esto no quería decir que no cultivemos nuestras propias individualidades. Que la felicidad que podamos transmitirles pasa primero por la nuestra propia. Que es primordial, por lo tanto, buscar primero en nuestro interior para encontrar posibles carencias. Que cuando las identifiquemos y solucionemos, estaremos en disposición de compartir.

# EL MAGO DE OZ

Dorothy era una niña alegre que vivía en una casa de madera, junto a su tía Emma, su tío Henry y su perro Totó. Dorothy fue a vivir a aquella casa al quedar huérfana y, aunque su vida transcurría de manera plácida y tranquila, se refugiaba en sus juegos con Totó, que, a través de su pelaje negro y suave, le proporcionaba el calor que no encontraba en otra parte. Sus tíos andaban atareados en las faenas del campo y de la casa.

Una tarde, acabada la siembra de las patatas, el tío Henry se sentó en el umbral de la casa a descansar, miró hacia al cielo y lo vio más gris de lo habitual.

- Se acerca un ciclón –dijo, con voz preocupada y algo temblorosa-.

El tío Henry, protector de su sobrina, que andaba jugueteando con Totó, como de costumbre, le hizo entrar en la casa.

- Entra en la casa rápidamente que ahora vengo.

Henry y Emma, recogieron a la carrera los aperos que habían depositado al lado de las escaleras de acceso a la casa. Era su tesoro, imprescindible para su trabajo.

41

Corrieron hacia la puerta y la cruzaron de una zancada buscando a Dorothy. La niña se encontraba tumbada en su cama, acompañada de Totó, que presintiendo que algo no iba bien, lamía su mano. Sus tíos se sentaron a su lado y presagiaron lo que pasó poco después. El viento se apoderó de la frágil casa haciéndola zarandearse a derecha e izquierda para, más tarde alzarla a su merced. Dorothy, sin ser consciente de lo que pasaba, se quedó dormida, soñando con los momentos en los que sus padres la acunaban en su cama, en otro lugar y otro tiempo, ahora ya irrepetible. Soñó con el prado donde vivía en aquel entonces, verde en primavera y ocre en verano, cuando las espigas esperaban ser recogidas. Entre ellas, aquél espantapájaros que su padre colocó estratégicamente para que los pájaros no se alimentaran de los frutos que más tarde utilizaría para hacer el pan. Lo fabricó con una camisa vieja de cuadros azules. En la cabeza, hecha con un trozo de tela de saco y rellena de paja, le colocó un sombrero que antes le había servido a él para protegerle del sol cuando en las horas centrales del día necesitaba seguir trabajando. Dorothy lo miró fijamente, pensando lo aburrida que sería la vida de aquél monigote, inerte, inmóvil y silencioso. De repente, la niña se levantó la falda del vestido de cuadros azules que portaba, hasta la altura de sus ojos, con el fin de desempañarlos. Creía que no podía ser cierto lo que estaba viendo. El espantapájaros le había guiñado un ojo. Una vez limpios, se volvió a acercar la tela de cuadros a uno de sus oídos, con la intención de despejarlo. Le parecía escuchar una voz que tenía que venir del mismo sitio. No había nadie más.

- Hola, ¿nos conocemos? -le preguntó el muñeco de trapo-.

- Ho…ho…ho…la -acertó a contestar Dorothy- ¿Puedes hablar?

- Me alegro que hayas venido. Mi soledad es terrible. Además, no puedo pensar porque dentro de mi cabeza solo hay paja. Si al menos tuviera un cerebro, como vosotros, encontraría la manera de huir de éste lugar. Por las noches me asusta la oscuridad, durante el día casi me derrito al sol. Si tuviera un cerebro me iría en busca de un sitio que no fuera tan inhóspito. Sólo tengo la compañía del viento cuando me silba en los oídos, y el cantar de los pájaros, que una vez que me ven, huyen. Esto es muy aburrido.

- ¿Y qué puedo hacer por ti? – le preguntó Dorothy-.

- Creo que si me quitaras el palo que me sostiene podría ir contigo.

- Pues lo puedo intentar –contestó Dorothy-, acercándose más, a la vez que le levantaba la camisa para averiguar el mecanismo que le mantenía en aquella posición vertical.

La inexperiencia de Dorothy le obligó a zarandear al espantapájaros, ahora hacia arriba, ahora hacia abajo, ahora hacia la derecha, ahora hacia la izquierda.

- ¡Oye, con cuidado!, ¡recuerda que mi cabeza es de paja!, al menos tengo algo dentro. Si me la vacías, no podré ni mantenerla encima de mis hombros.

Tras varios intentos, Dorothy consiguió desprenderlo de su esclavitud. Le sacudió de la camisa algunas briznas de la tela de saco que habían quedado tras los zarandeos. Y ambos, contentos y satisfechos de la hazaña, se dispusieron a caminar junto a Totó, que había permanecido al margen de la escena. Por el camino, entre las espigas, Dorothy le contó la historia del ciclón, mientras el espantapájaros tropezaba a cada paso con cada uno de los impedimentos del camino. No se acostumbraba al movimiento. Lo habían creado con otra intención. Dorothy no paraba de hablar, hasta que cayó en la cuenta de que el espantapájaros no tenía cerebro y era incapaz de seguir una conversación medianamente sensata con ella. El espantajo de trapo y paja, que ocupaba su tiempo en lograr mantenerse erguido, volvió a comentar su sueño: le encantaría tener un cerebro. Dorothy le prometió que caminarían hasta algún sitio donde pudieran cumplir su sueño. Y poco a poco el sol cambiaba de posición en el cielo hasta desaparecer tras las montañas. Apareció la oscuridad y, con ella, el cansancio. Decidieron recostarse en unos árboles del camino para descansar y continuar al amanecer. Ahora era imposible vislumbrar la senda. Se quedaron dormidos. A la mañana siguiente, les despertó Totó con sus ladridos mientras corría tras unos pajarillos que pretendían posarse en el tronco del árbol. Cuando ya casi los había alcanzado, las aves, que se percataron de la presencia del espantapájaros, huyeron, lo cual provocó la rabia de Totó.

Dorothy abrió los ojos. El espantapájaros no pudo hacer lo mismo. El agricultor olvidó de ponerle párpados, por lo que pasó toda la noche con los ojos de par en par. Dorothy estiró ambos brazos para desperezarse, echó su cabeza hacia atrás y levantó su mirada hasta el cielo. En ese justo momento, descubrió un brillo plateado, que permanecía al lado del árbol, el mismo que les había brindado su cobijo para dormir. La niña se levantó para averiguar qué era aquello que provocaba aquel resplandor. Al lado del tronco permanecía inmóvil, sin poderse mover, un hombre hecho por completo de hojalata. Brazos, manos, piernas, pies, cuello, todo su ser se sostenía mediante articulaciones metálicas.

- Hola, ¿Nos conocemos? –le preguntó Dorothy-.

- Hola, creo que no. Soy el hombre de hojalata, ¿Y vosotros?

- Este es mi perro Totó, este es mi amigo el espantapájaros y yo soy Dorothy. ¿Vienes con nosotros?.

- ¿Adónde os dirigís?

- Vamos en busca de un cerebro para mi amigo.

- Pues a mí me encantaría encontrar un corazón –dijo tristemente el hombre de hojalata-. Toda la vida he querido poseer uno para poder sentir. Es muy triste vivir sin poder sentir.

- Pues vente, supongo que allí donde encontremos un cerebro encontraremos también un corazón. Al menos, lo podemos intentar.

Todos continuaron la marcha, sin rumbo determinado. La niña repitió la misma historia que había intentado explicar al espantapájaros: de dónde venía y quienes eran sus tíos. A diferencia de aquel, el hombre de hojalata pudo seguir la conversación, pero ahora, Dorothy se percató de que éste no se inmutaba con los sentimientos que Dorothy transmitía en el relato de su historia. Pensó que iba acompañada de su perro, que no hablaba, pero sentía; de su amigo el espantapájaros, que sentía, pero no pensaba, y del hombre que acababa de conocer, que, aunque pensaba, no tenía sentimientos. Llegó a la conclusión de que no estarían completos hasta que no equilibraran sus cuerpos con sus mentes y con sus emociones. Dorothy se dispuso a encontrar aquél lugar mágico que pudiera hacer cumplir los sueños de sus acompañantes. Siguieron caminando. Llevaban un rato cuando vislumbraron, sentada al borde de un río una mujer vestida con un largo vestido azul y un sombrero de paja en la cabeza. El calor apretaba y el camino había sido largo. Dorothy se presentó, explicando primero quienes eran sus amigos para después preguntar por el nombre de la mujer.

- Soy la maga del bosque. ¡No os asustéis! ¿Qué os trae por aquí?

- Caminamos en busca de un cerebro y un corazón para mis amigos, y para mí, un lugar donde aprender. Me gustaría conocer de qué están formadas las estrellas y la luna. De donde vienen los frutos que comemos y por qué unas veces hace viento y otras no.

- Pues habéis tenido suerte. Conozco ese lugar. Seguid el sendero de la derecha y cuando lleguéis al gran lago giráis a la izquierda. Continuáis caminando hasta llegar a un bosque de encinas, lo atravesáis e inmediatamente veréis un lugar azul, repleto de nubes, donde el aire se enrarece. Sentiréis un olor extraño, intenso y fuerte, parecido a como huele a tierra mojada cuando acaba de llover. Como huelen las tormentas. Se trata del ozono, un gas azul de olor picante y metálico. La luz en ese lugar se torna apacible y envolvente.

Dorothy intentó memorizar las indicaciones de la maga. Sabía que no podía confiar en ninguno de sus acompañantes. A uno le faltaba el cerebro, con lo cual, no tenía memoria. Al otro le faltaba el corazón, lo que no le permitía emocionarse si iban consiguiendo sus metas. Le quedaba su fiel Totó, que le seguiría adónde ella fuera. No sabía qué significaba la palabra ozono, pero con las indicaciones que le habían hecho, estaba segura de que lo descubriría, era confiada. Se despidieron de la bruja del bosque, no sin antes darle las gracias, Dorothy se alegró de estar en el camino adecuado. Y se dispusieron a retomar la caminata. Querían llegar antes de que anocheciera. Llegaron al lago, donde se sentaron a descansar. Bebieron y comieron unas bayas que habían recogido por el camino. Fue una parada corta, no quería Dorothy llegar de noche. Le tocaba a ella tomar las decisiones. La acompañaban el tintinear de las coyunturas del hombre de hojalata, los traspiés del espantapájaros y la alegría de Totó, que husmeaba cada hierbajo que encontraba al paso. Y llegaron al bosque de encinas que, tal como indicó la bruja, parecía ser el lugar a cruzar antes de llegar a su destino. No contaron, sin embargo, con la presencia de un león con gran melena y enormes fauces que, al descubrir a Totó, se abalanzó sobre él, con el ánimo de satisfacer su hambre. El perro se dio media vuelta y salió corriendo deshaciendo el camino hecho. Dorothy, sin pensárselo dos veces, venció su miedo y se dirigió a él. Su parsimonia y templanza se tornaron en una actitud defensora hacia sus amigos. No le preocupaba la anatomía de la lata, que no presentaba peligro ante el hambre del león, ni la morfología del trapo, que no sería del gusto del animal, pero sí la integridad de su perro. La de ella misma, no le dio tiempo a cuestionarla.

- ¡Eh! ¿Qué haces? –le increpó Dorothy-.

El león levantó una polvareda al paralizar su carrera de manera precipitada. Se quedó clavado ante la niña y torciendo el gesto de su cabeza hacia la derecha, la miró fijamente. Se cerraron de golpe sus fauces, con la misma velocidad que sus garras. Sus ojos, hasta entonces abiertos en busca de su presa, se tornaron pequeños.

- Tengo hambre, por eso necesito cazar –dijo el león en un tono suave que más bien podría corresponder al de una ardilla y no al de una fiera-.

- ¡Pues búscate otra presa! –contestó Dorothy- No somos comestibles.

El león, contrariamente a lo que se podría pensar, no disponía de la fiereza que le correspondería por especie.

- Vaya, me ha vuelto a pasar –dijo el león- Soy cobarde. Me gustaría ser más valiente, afrontar los problemas como cualquier otro compañero de mi manada. Por eso no me quieren con ellos. Me tildan de no saber representarlos. Me encuentro sólo. Me encantaría dejar de ser así.

- ¡Qué barbaridad! Hoy no es mi día. O sí. Si no fuera mi día, me hubieras comido, y a Totó. Menos mal que vamos en busca de soluciones a nuestros problemas. ¿Te vienes? No te garantizo nada, pero en el lugar al que nos dirigimos, a lo mejor disponen también de valentía para ti. El león se unió al grupo, y todos juntos continuaron con las indicaciones que les habían dado. Llegaron al lugar esperado. Lo supieron cuando el olor comenzó a enrarecerse. Dorothy pensó que quizás aquello correspondía a la palabra que había añadido a su lista de preguntas: ozono. No se podía creer lo que estaba viendo. Una multitud se agrupaba ante una extraña mujer, vestida con una larga túnica azul, que parecía acaparar la atención de los asistentes. A su lado, un hombre enjuto con larga barba blanca y pies descalzos mantenía un largo pergamino entre sus manos, en el cual parecía querer escribir. Dorothy se sentó en un hueco que encontró, al que, por su pequeña anatomía podía acceder, al contrario que cualquiera de los otros oyentes, de mayor envergadura. A Totó le costó mantener la calma, pues iba olisqueando aquellas personas, a las que no había visto antes y que despertaban en él la curiosidad. Se tumbó al lado de Dorothy, sin embargo, ya que, ante sus órdenes, nunca se podía negar. El león dudó en seguirla y se quedó en la última fila. Quería pasar desapercibido para que nadie pudiera tacharle de falta de arrojo. No quería levantar comentarios despectivos ante su actitud. El espantapájaros y el hombre de hojalata permanecieron de pie. Sus hechuras no les permitían gran cosa. Tampoco sentarse. La emoción e interés que sintió Dorothy ante tal espectáculo no la sintieron ni el león, por su miedo a ser reconocido, ni el hombre de hojalata por su falta de corazón, ni el espantapájaros, por su falta de cerebro. Pensó en la necesidad de tener equilibrio entre cuerpo y mente para encontrar la felicidad. Miró a su alrededor, para ver quien había allí. Pensó, sin pensar que pensaba, que desde que entró en aquel lugar, su mente se había vuelto mucho más abierta y clara. Quiso que le pasara lo mismo a su amigo el espantapájaros. Por un momento quiso que el tan ansiado cerebro se encontrara allí. En una de estas ojeadas, intentando descubrir quiénes eran aquellos que asistían a la reunión, dio un salto de alegría y alzando la mano quiso saludar a una pareja que se encontraba junto a un hombre que parecía triste y que bebía algo de color verde, de un vaso que mantenía con ambas manos. Eran sus tíos Emma y Henry. Sin pensar que pensaba, pensó que el ciclón los había transportado hasta allí. Contenta por saberse por fin acompañada de personas como ella, se dispuso a escuchar.

# EL CABELLO DORADO

Alicia continuó caminando, y fue encontrando a su paso diferentes personas. Ninguna le sonaba de nada. Algunas aparecían solas, con muecas en sus caras que denotaban asombro o perplejidad. Otras, hablaban entre ellas de manera prudente y tímida. Otras, las que parecía que ya se conocían, reían y formaban corros, en los que compartían animados temas de conversación. Aparecieron de entre la multitud, dos apuestos caballeros, junto a una dama de cabellos rubios, recogidos en una larga trenza que le llegaba hasta la cintura.

Uno de ellos, el del torso desnudo, llevaba unos pantalones bombachos hasta la rodilla, medias y zapatos, que bien podríamos decir que pertenecían a otra época. En su tronco, unas heridas delataban la posible causa de su muerte, pero Alicia no estaba segura ya que no sangraban. Pero claro, en este lugar, todo era diferente. Los estómagos no se quejaban de hambre, ni las gargantas de sed, las heridas ya no sangraban. Los ojos carecían de lágrimas, y los músculos de cansancio. Todo era etéreo y diferente a nada antes conocido por ella. Junto a él, la dama, lucía un escotado, vaporoso y largo vestido de gasa. Las flores azules de su estampado bien podrían ser delphiniums, o lobelias. Como las flores azules de Queneau. A Alicia le parecía haber visto anteriormente aquellas flores, seguramente en otro de los libros que le leyó su hermana, para adentrarla en el mundo de la literatura. Se trataba de "Las flores azules", de Queneau. Su hermana le comentó que era un libro que no tenía ni pies ni cabeza, que era pura locura y fiesta del lenguaje. Aparecía un caballo que hablaba, llamado Demóstenes. También aparecía el dueño de éste, un noble, que cuando dormía soñaba con un tal Cidrolín, que poseía una barca, en la cual le paseaba, a él y a su caballo parlanchín. Daba la casualidad que Cidrolín, cuando dormía soñaba con un noble y su caballo parlante.

Alicia, sin querer, comparó aquella historia con la que estaba viviendo y encontró muchos nexos de unión. Continuaba sin saber qué pasaría en aquél extraño lugar.

El otro hombre aparecía ataviado con una armadura plateada que cubría en parte la casaca azul que cubría su cuerpo.

Los tres charlaban amigablemente, como si ya se conocieran de antes. No parecía su primer encuentro.

- Hola, ¡qué tal! ¿Nos conocemos? -espetó Alicia, con su voz cálida y alegre-.

- Hola -contestaron los tres a la vez- No, creo que no nos hemos visto antes. ¿Quién eres tú?.

- Soy Alicia. Acabo de llegar. ¿Y vosotros?

- Nosotros somos Tristán, Isolda y Kurwenal. Llegamos ya hace unos días -contestó Kurwenal-, haciendo uso de su actitud protectora hacia la pareja. No en vano era el fiel escudero de Tristán.

- Perdonad, pero no me sonáis de nada.

- ¡Pues te deberíamos sonar! -los tres rieron a carcajadas-. Por algo somos parte de la música. Somos personajes de una ópera de Wagner que lleva nuestro nombre

- ¡Ah! ¡Cuánto tengo que aprender! ¡Espero volver a veros por aquí!.

Y continuó caminando.

# EL ORÁCULO DE DELFOS

Alicia siguió caminando y, poco a poco, fue percibiendo un olor extraño.

No conocía ni su procedencia ni su composición. No lo había percibido antes. El olor se tornaba nauseabundo, hecho que le provocó un deseo difícil de obtener: tener otra mano. Si utilizaba las dos para apartar sus cabellos de la cara, no podía tapar su nariz. Decidió repartir tareas. Con la mano izquierda aguantaría su cabello con la intención de mantener libre su visión. A la derecha le ordenó juntar las aletas de su nariz. De ésta manera, y no sabía cómo, no pudo contener su curiosidad y siguió caminando siguiendo los efluvios. Más tarde alguien le explicaría que el hedor correspondía a una fuerte concentración de gases que provocaban un estado de conciencia parecido al trance. Atisbó una figura femenina, sentada, con las piernas separadas. Sus cabellos lucían sueltos y desordenados a causa del viento. Sus ojos miraban hacia arriba, abiertos como si de párpados escasease. Sus brazos, levantados en cruz, se balanceaban al compás de no sabía bien qué cantarela. Masticaba algo mientras los efluvios la rodeaban.

A su lado derecho, un hombre enjuto, cubierto con una túnica azul, que le tapaba hasta los tobillos y dejaba ver unos pies huesudos y tendinosos. Su larga barba blanca cubría los botones de su túnica. En su mano derecha una pluma y sobre sus rodillas un pergamino. Era el sacerdote, que iba anotando, al igual que en el Oráculo de Delfos, todo lo que Pitia iba diciendo. Era martes.

- Hola, ¡qué tal! ¿Nos conocemos?

La mujer, cual marioneta a la que han cortado los hilos, de golpe, bajó sus brazos, y sus ojos. Clavó su mirada en la niña y contestó.

- ¡Hola! ¡Claro que sé quién eres! Eres Alicia.

- ¡Ala! ¿Cómo sabes mi nombre?

- Yo lo sé todo. Te estaba esperando. Invocaba al dios Apolo, mi maestro, para que te trajera ante mí. –dijo la mujer-.

- ¿Quién eres? –preguntó Alicia-.

- Soy Pitia, y aquí cubro el lugar del Oráculo de Delfos de la Tierra. Allá, es el lugar de consulta a los dioses, es el templo sagrado dedicado al dios Apolo. Situado en Grecia, al pie del monte Parnaso, me ha dado permiso para que os transmita nuestra sabiduría. Allí, las hojas de laurel les ayudan a concentrarse para acceder a la sabiduría. Aquí es el ozono lo que me permite concentrarme para enseñaros las pautas de comportamiento que más tarde llevareis a la práctica. A la puerta del templo de Delfos, se hallaban unas inscripciones que, entre otras, rezaban:

"Conócete a ti mismo" **(ΓΝΩΘΙ ΣΑΥΤΟΝ)**

"Aprende a aprender" **(Γνῶθι μαθών)**

"Reflexiona sobre lo que hayas escuchado" **(Ακούσας νόει.)**, "Domina tu carácter" **(Θυμοῦ κράτει.)**

"Hazte amante del saber" **(Φιλόσοφος γίνου.)**

"Trabaja por lo que es digno de ser adquirido" **(Εργάσου κτητά. )**

"Arrepiéntete cuando te equivoques" **(Αμαρτάνων μετανόει)**

"Evita el resentimiento" ( **Απέχθειαν φεύγε)**

"No te canses de aprender" **(Μανθάνων μη κάμνε)**

"Sé agradecido" **(Ευγνώμων γίνου)**; y es lo que pretendo hacer aquí con vosotros. Ayudar a conoceros a vosotros mismos. Apolo es el dios de los sueños, el dios de la claridad y de la estabilidad. Decía que la virtud reside en el conocimiento.

- Creo que he venido al sitio adecuado -pensó Alicia-.

- Como ya os he dicho, mi misión es que os conozcáis a vosotros mismos, atender a los que venís, ofrecer respuestas a vuestras preguntas y soluciones a vuestros problemas.

- Pues acabo de ver a unos personajes que, creo, te necesitan. Los veo algo perdidos.

Pitia lanzó una carcajada

- Ya lo sé. Llevan algunos días por aquí. Mira, para que puedas saber mejor dónde te encuentras, te explicaré algunas cosas.

En la Tierra, os dejáis llevar por vuestras dudas, por vuestros problemas, por vuestros anhelos; pero raras veces buscáis la solución. Tan sólo os empapáis de energías negativas, pero yo te ayudaré a encontrar la felicidad.

- ¡Guau! Suena bien.

- Te espero mañana a ésta misma hora, en éste mismo lugar.

- Pero, ¿cómo sé yo qué hora es?

Por un momento, a Alicia le hubiera gustado que estuviera con ella el conejo, aunque no por él mismo, sino por su reloj.

Pitia volvió a reír.

- Olvidaba que eres nueva por aquí. Mira hacia arriba –le indicó-.

Alicia levantó la vista y sólo vio el mismo color azul que lo inundaba todo, incluso los personajes que había conocido antes de saber de Pitia. La Oruga Azul, el Pájaro Azul, los cantantes de ópera…

- Mañana, si levantas tu vista, vislumbrarás un punto brillante, allá arriba. Eso te indicará que será miércoles. Pero no un miércoles cualquiera. Miércoles de paso al Ecuador -le indicó Pitia-.

- Vale, lo intentaré –contestó Alicia-.

- Es el día destinado a atenderos. Os reúno una vez al mes. A ti y a todos tus compañeros.

Y la noche llegó. El azul del cielo se tornó negro, así como los pensamientos de sus interlocutores.

# MIÉRCOLES 15 DE OCTUBRE – SERENDIPIA

No había sol, ni luna, ni nada, tan solo el tornasol de la opacidad del negro que se iba convirtiendo en azul.

Azul. Curioso. Hasta ahora, todo estaba empapado de éste color. Como hilo conductor de personas y lugares.

Alicia esperó a que el punto brillante ocupara el lugar esperado.

En un montículo blanco, de una nube algo mayor que las de alrededor, destacaba con prestancia Pitia. A sus pies descalzos, aparecían diferentes personajes. Entre ellos, aquellos con los que había podido intercambiar algunas palabras el día anterior. Reconoció al hombre del vaso que contenía el líquido de color ajenjo, a la Oruga Azul, a dos mujeres que hablaban con ella, y que no parecían conocerse entre sí. Seguramente las está presentando –pensó Alicia-.

Y pensó, sin pensar, que estaba pensando.

Pensó que probablemente serían los personajes de Kundera sobre los que le habló el día anterior la oruga azul. No le dio mayor importancia. Su interés estaba depositado en el punto brillante del cielo. Siguió pensando, y se acordó de algo que le había ocurrido en una ocasión. A veces jugaba con su hermana a leer el diccionario, para así encontrar significado a palabras que no habían escuchado nunca.

-Serendipia. ¿Qué demonios debe significar esto? –preguntó su hermana cuando abrió el libro por una página al azar-. Y leyó lo siguiente:

"Una serendipia es un descubrimiento o un hallazgo afortunado e inesperado que se produce cuando se está buscando otra cosa distinta. También puede referirse a la habilidad de un sujeto para reconocer que ha hecho un descubrimiento importante aunque no tenga relación con lo que busca. En términos más generales se puede denominar así también a la casualidad, coincidencia o accidente".

En aquél momento solo fue una curiosidad. Una palabra nueva en su diccionario. Se preguntó por qué le vino ahora a la mente precisamente esa, y no cualquier otra de las palabras que habían descubierto en sus juegos de hermanas. Buscaba calmar su sed de conocimiento y de curiosidad, y sin quererlo, se encontraba en un lugar donde estaba aprendiendo muchísimo. Fechas, colores e inquietudes coincidían. Donde todo era azul como su vestido, donde la gente que iba conociendo le explicaba historias interesantes, y donde, parecía ser, habían ido todos con un mismo objetivo. Ahora faltaba saber cuál era ese objetivo. De momento esperaría encontrar el punto brillante en el cielo. Ya deseaba que Pitia le explicara cosas nuevas. De momento no encontraba respuestas a sus preguntas. Pero las encontraría. Seguro.

Todos parecían atentos y curiosos para saber qué pasaría en aquella cita. Mujer misteriosa, discípula de Apolo, sucursal del Oráculo de Delfos. Efectivamente, parecía una reunión presidida por una mujer de cabellos alborotados que vestía una túnica azul. Las mangas aparecían desplegadas. Como las alas de acero del pájaro que pilotaba. A ambos, las alas les cubrían sus brazos y sus cuerpos, como intentando protegerles de sus vulnerabilidades. Veía pero no escuchaba lo que decían. Le interesaba su discurso.


- ¿Cómo puedo hacer para escuchar? Pensó, y sin pensar que pensaba, pensó que podía modificar los parámetros de la radio. Le quedaban todavía horas por delante antes de tomar tierra, y se podía permitir una pequeña adaptación.

¡Eureka! La voz de la pitonisa entró en la cabina y le acompañó durante un rato, aunque no acertaba con la frecuencia. Las ondas le estaban jugando una mala pasada. No era más que un punto brillante más que ondeaba el cielo, pero a partir de entonces, su cabina sería diferente a todas las demás. El siguiente miércoles del calendario que se acercara al ecuador le tocaba la misma ruta. Vendría mejor preparado. Esto no se lo podía perder. Quería pensar que volvería a encontrar aquella reunión cuándo él tuviera más medios para poder asistir, aunque fuera desde dentro de su pájaro con alas de acero. Néstor odiaba la rutina.

Los miércoles que marcaran el ecuador del mes, sin saberlo él aún, serían diferentes. Los esperó con impaciencia.

Octubre entraba en su paso al Ecuador, y avanzaba, sin ser aún consciente de ello, hacia una nueva aventura. Néstor acercó los prismáticos que guardaba entre los mandos del avión y su asiento y se dispuso a despejar la incógnita. Si, por fin el punto brillante. En uno de sus rutinarios movimientos de cabeza para ver algo más que botones y mandos, a su izquierda, tras el cristal de su ventanilla, como a unos 300 pies, sobre las nubes, Néstor apreció una multitud.

Efectivamente, Pitia, con sus brazos extendidos en cruz, revestidos de su túnica azul, miraba hacia arriba buscándole para comenzar su charla.

# EL PRIMER VIAJE EN GLOBO
# DE UN SER HUMANO

Pitia seguía explicando:

- Algunos de vosotros me habéis hablado de inmortalidad. No sé, sin embargo si habéis pensado lo que eso significa. Significa que el tiempo deja de tener la acepción que tenía cuando erais mortales. Que vuestros aciertos y vuestros errores también se convertirán en inmortales. Por lo tanto, pensad que todo lo que aprendáis y podáis poner en práctica os servirá para ser más felices.

Podréis ser personas emprendedoras, sea cual sea vuestro proyecto a llevar a cabo, ya sea profesional, familiar, personal o de cualquier otro tipo. Os explicaré qué significa el concepto *emprendeduría*, en el sentido amplio de la palabra. Y cuales son las *competencias personales* que deberíais trabajar para que os ayuden en vuestros proyectos.

Empezaré contándoos una historia: Un 15 de Octubre Jean Pilatre de Rozier ascendió en un globo cautivo inflado con aire caliente y que llevaba pasajeros, era la primera ascensión de un ser humano. Una de las primeras incursiones del ser humano en batallar contra la gravedad.

También un 15 de octubre nació Evangelista Torricelli, físico y matemático italiano, primero en crear un indicador de vacío y en descubrir el principio del barómetro. Torricelli utilizó el mercurio y lo hizo ascender por un tubo cerrado creando así vacío en la parte superior, empujado por el peso del aire de la atmósfera, la presión atmosférica. Demostró que el aire tiene peso. Tras éste descubrimiento dijo:

*"Vivimos en el fondo de un océano del elemento aire, el cual, mediante una experiencia incuestionable, se demuestra que tiene peso",* en contra de las hipótesis que existían hasta entonces, por las que Aristóteles había dicho que la materia es compacta y vacía y no tolera ningún vacío.

-¿Qué quiero deciros con todo esto?–. Siguió explicando Pitia-. Quiero demostraros que cuando lo que hay que poner en marcha son mecanismos ajenos a nosotros mismos lo intentamos por todas las vías posibles, corrigiendo, modificando y solucionando errores. ¿Veis? El aire, que parecía tan liviano, tan etéreo, tan ligero, resulta que también tiene peso. Hacía falta que alguien lo demostrara. Y eso fue lo que hizo Torricelli. Así es como se llega al conocimiento. Alguien plantea una hipótesis, la cual, una vez verificada, puede ser confirmada o refutada. Esta es la base del método científico. Si extrapolamos este hecho al ser humano, bien podríamos afirmar que las vidas humanas no son producto de premisas establecidas, aunque casi siempre están condicionadas por ellas. Torricelli investigó sobre la afirmación categórica de Aristóteles, que decía que el aire no tiene peso, y llegó a la conclusión contraria. De igual forma, podríamos hacer lo mismo con nuestros comportamientos. Intentemos despojarnos de presuposiciones y creencias limitantes que condicionan nuestras conductas. No os hablaré sin embargo de éstos conceptos ahora, sino más adelante, porque antes quiero explicaros otra anécdota o experiencia:

También un 15 de octubre nació Foucault, pensador y filósofo cuya carrera estuvo muy influida por la obra de Nietzsche. Quizás una casualidad, por haber nacido ambos, con unos años de diferencia, el mismo día. Foucault mantenía la idea de que la enfermedad es un mecanismo de defensa que utiliza el ser humano para huir de su realidad. Quizás fue un precursor de los principios de la somatización, también de la dualidad cuerpo-espíritu, conectados como los vasos comunicantes de la teoría de Pascal.

En física, por ejemplo, de acuerdo con esta ley, dos o más recipientes en donde uno con mayor nivel de líquido que el otro, se unen a través de un tubo hueco generando un desplazamiento del fluido desde el que tiene más contenido hacia el que tiene menos hasta igualarse los niveles. Esto es debido a que ambos recipientes están sometidos a la misma presión atmosférica.

En literatura, los vasos comunicantes son un recurso expresivo donde dos o más historias distintas y permeables entre si intercambian conexiones en espacio y tiempo.

Os preguntareis por qué os explico estas tan diferentes experiencias, y qué tienen que ver las unas con las otras. Pues bien, mi intención es haceros pensar, y que, a través de una serie de hechos, sucedidos por casualidad, y coincidentes a través del tiempo, lleguéis vosotros mismos a la conclusión de que la mayoría de sucesos no tienen un sólo significado. Deberíamos ampliar nuestras miras y atender nuestros propios asuntos desde distintos puntos de vista. No existe un único camino ni una única solución para cada problema. En eso consiste la flexibilidad, contraria a la rigidez de pensamiento.

El 15 de Octubre es una fecha que coincide con varios hechos, todos ellos relacionados –continuó Pitia-. Octubre es un mes de aire, si miramos desde la concepción astral. En ésta fecha, de manera casual, hemos visto que nacieron algunos personajes que a lo largo de la historia han dejado su huella por diferentes descubrimientos, como podéis comprobar. A éste fenómeno de coincidencias, mediante el cual, sin querer, encontramos algo que no estábamos buscando pero que nos es útil, se le denomina *Serendipia.*

Alicia saltó poniéndose de pie y alzando la mano exclamó:

-¡Por fin entiendo el significado de la palabra que encontré con mi hermana por azar! -a Pitia le provocó una gran sonrisa de satisfacción-.

El sacerdote iba tomando nota con su pluma.

# HOLA, ¡QUÉ TAL! ¿NOS CONOCEMOS?

- Hola, ¡Qué tal! ¿Nos conocemos? -Pitia saludó alzando la voz para que todos pudieran escucharla-.

Algunos acudían por primera vez, otros eran ya asiduos, pues les imponía la cita mensual.

- Con este saludo no me refiero a si ya nos conocemos, si nos hemos visto antes, sino a si nos conocemos interiormente. Si sabemos quiénes somos. Por ejemplo, tú, el del sombrero azul. ¿Te conoces?

El hombre fingió no ser el foco de atención y miró a ambos lados para reconocer otro sombrero azul, pero todos los ojos estaban clavados en él. No le quedó más remedio que contestar.

- Pues claro, por supuesto que me conozco, soy Tom. Tom Bombadil, personaje de la novela "El señor de los anillos", de Tolkien.

Tom vestía una chaqueta azul y lucía una larga barba castaña. Sus ojos eran azules y su cara aparecía roja como una amapola. Llevaba un sombrero con una pluma de pavo real, azul, por supuesto.

-Tolkien me nombró en su obra -prosiguió-, pero no contó mucho conmigo. Una injusticia. Yo, que representaba la vida, imperturbable a cuanto sucediera. ¡Una injusticia! No contó demasiado conmigo. Yo, que estaba tan arraigado a la Tierra, siempre rodeado de bellas elfas. Me fui a pasear con Gandalf y ya no regresé. Quizás porque aquel anillo misterioso no produjo en mi la ansiada propiedad de la invisibilidad. Al igual que mi amiga Erda del Sigfrido de Wagner, mujer sabia donde las haya, diosa de la sabiduría y de la naturaleza y enemiga del mal que hacen los hombres, duerme en el fondo de las profundidades. ¡Una injusticia! ¿Recordáis?

Y empezó a recitar:

"Mi dormir es soñar

Mi soñar es pensar

Y mi pensar produce sabiduría

Pero mientras duermo

Las Nornas trabajan

Torciendo las cuerdas

Y tejen lo que yo sé

72

Las Nornas te darán una respuesta"

- ¡Basta! ¡Basta! -gritó Pitia-. No me refiero a si sabes *quién* eres, sino a si sabes *cómo* eres.

La pluma del pavo real del sombrero de Tom perdió la verticalidad a causa de su asombro.

- ¿Qué cómo soy? Pues un personaje de Tolkien, ya lo he dicho. Es lo que siempre me dicen –balbuceó Tom-.

- ¿Y qué más? ¿Conoces tu carácter? ¿Tu temperamento? ¿Tu personalidad? –preguntó algo seca Pitia-. Vamos a ver… Antes de pasar al siguiente elemento, el agua, pasaréis un tiempo aquí, donde aprenderéis a conoceros a vosotros mismos. ¿Conocéis a Jung?

Hubo un encogimiento generalizado de hombros. Pitia explicó, alzando un poco más la voz para que la escucharan todos.

- Carl Jung era un psicólogo suizo, discípulo de Freud, fundador de la psicología analítica. Una de las bases de la psicología junguiana es la categorización de las personas en cuatro tipos. Según su teoría, la mente consciente conoce cuatro modos principales de percepción, los cuales se expresan de manera distinta en cada individuo. Son las cuatro funciones de la conciencia: la intuición, la sensación, el pensamiento y el sentimiento. En cada individuo predomina una de ellas, mientras que las otras permanecen en segundo plano. La Tierra corresponde a las sensaciones, el aire, al pensamiento; el agua, a los sentimientos; el fuego, a la intuición. Por eso, aquí, en el aire, nos dedicaremos *a conocer, a saber*. A conocernos a nosotros mismos a través del pensamiento. Por lo tanto, os haré pensar, os prepararé para cuando vayáis al elemento agua, que es donde predominan los sentimientos. También os enseñaré a gestionar vuestras emociones.

De entrada, os diré que el equilibrio *COGNICIÓN-EMOCIÓN* es el trabajo más arduo que llevaréis a cabo. Sirve de muy poco que aprendáis muchas cosas si no sabéis aplicarlas en su justa medida y en el momento adecuado. No vale rendirse, ni decir que vosotros sois así… Tenéis que intentar modificar vuestros comportamientos.

El escribano anotaba en el pergamino amarillento, de manera ordenada y meticulosa, todo lo que Pitia decía.

- Al acabar os entregaré  todo lo que el sacerdote vaya anotando.

¿Qué os parece? -concluyó Pitia-

Los asistentes hablaban entre ellos y murmuraban en voz baja. Era tal la diversidad de público que la información llegaba de diferentes maneras. De distintas épocas, unos acudían después de haber sido preparados para asistir. Otros, acababan de llegar.

En éste lugar el tiempo no tenía el mismo sentido que en la Tierra.

Los parámetros eran otros.

# LOS TIPOS PSICOLÓGICOS DE CARL JUNG

El escribano seguía anotando todo lo que Pitia iba explicando.

Os acabo de mencionar a Carl Jung, ahora os hablaré de parte de su obra. La obra de Jung "Tipos Psicológicos" (1921) dio muy pronto popularidad a su autor, y ha venido suscitando muchos estudios e investigaciones, y centenares de artículos. Existen hoy tests diversos que intentan aplicar la tipología junguiana no sólo en el contexto clínico sino también a individuos que realizan actividades como dinámicas de grupo, etc. –relataba Pitia mientras los asistentes escuchaban con atención-.

Esta tipología considera la psique como una totalidad semi cerrada y formada por la consciencia y lo inconsciente. La consciencia es flexible y permite así que afloren a ella continuamente los contenidos de lo inconsciente y viceversa. ¿Recordáis los vasos comunicantes?, pues aquí tenéis otro ejemplo.

Jung parte del supuesto de que existen 4 funciones psicológicas de base:

1.- Pensar

2.- Sentir

3.- Intuir

4.- Percibir

Señala que existen dos formas básicas de carácter que engloba a todos los demás, cualquier persona es extravertida o introvertida. Esta doble orientación permite sistematizar toda la caracterología en dos tipos básicos: el extravertido y el introvertido de base.

- Extravertido de base: el interés de este individuo se centra en las cosas y en las personas que le rodean y tiende a la realidad objetiva.

- Introvertido de base: esta persona orienta su interés hacia sí mismo y la realidad subjetiva en él predomina frente a la objetiva.

A partir de esta doble tipología que encierra a todos los caracteres, Jung establece 8 tipos, cuyas características os comento a continuación:

Tipo Extravertido

- Interés centrado en la realidad exterior.

- Las decisiones se toman pensando en la realidad objetiva y, secundariamente, en las subjetivas.

- La influencia del exterior guía las acciones y conductas del individuo.

- La conducta en las acciones depende de la moral social vigente.

- Se acomodan fácilmente a los entornos, aunque no se adaptan fácilmente.

- Tienden a imitar, son sugestionables, influenciables, deseosos de hacerse ver, de ser interesantes y de ser el centro social de los demás. En el momento en que la realidad exterior es exageradamente más importante que la interior las personas pierden armonía íntima-personal y armonía social.

Tipo Introvertido

- Interés centrado en sí mismo, en sus pensamientos.

- La realidad externa existe pero le parece inconcebible que sea la que dirija las acciones.

- La realidad externa no le parece tan importante como la interna, ni cree que tenga que ajustarse "porque sí" a esa realidad.

- La realidad de uno mismo es más importante que la exterior. Siempre que sea dentro de unos límites, no les creará problemas. En el momento en que el YO sea exageradamente importante dejará de tener una relación armoniosa con el entorno.

La combinación de la existencia de dos «actitudes» (extraversión / introversión) y de cuatro «funciones» (pensamiento / sentimiento / sensación / intuición), da lugar a los ocho tipos de personalidad. Se hace referencia por primera vez al sí-mismo como objetivo del desarrollo psíquico.

Cuando un individuo se decanta hacia un tipo psicológico, éste se establece como el predominante, mientras que los demás coexisten con el principal y, generalmente, permanecen menos definidos.

Los ocho tipos psicológicos son clasificados y podrían ser descritos:

**Introvertido de pensamiento**: Se formulan preguntas, tratan de comprender su propio ser y se apartan para ello, al reino de sus ideas.

**Extravertido de pensamiento**: Se rigen a sí mismos y a los demás según reglas y principios fijos. Más que los hechos materiales, les interesa la realidad.

**Introvertido de sentimiento**: Inaccesibles al resto de la gente, dan, sin embargo, una impresión de autonomía y de armonía y suelen apasionarse por la música y la poesía.

**Extravertido de sentimiento**: Convencionales, bien adaptados a su época y su medio, les interesa el éxito personal y social. Son volubles y se acomodan a las modas.

**Introvertido de sensación**: Se nutren de sus impresiones sensoriales y viven inmersos en sus sensaciones internas. A menudo, son modestos y callados.

**Extravertido de sensación**: Les interesan los fenómenos externos, son prácticos, empecinados y aceptan el mundo tal como es.

**Introvertido de intuición**: Son soñadores y se entregan a sus visiones internas. Se empeñan en transmitir una experiencia esotérica singular.

**Extravertido de intuición**: Su intuición les hace tener 'olfato' para cualquier novedad. Suelen solucionar disputas y ser líderes carismáticos.

Alicia tenía todos sus sentidos puestos en la charla. Ansiaba preguntar pero eran tantas las dudas que prefirió hacerlo en la siguiente ocasión, una vez hubiera asimilado todo lo que ahora escuchaba.

El sacerdote recogía en su pergamino, tal como anunció Pitia, todo lo que ocurría en aquél lugar para, una vez concluida la charla, disponerse a escribir tantos ejemplares como personajes se encontraban en ella. Disponía de un mes, hasta el siguiente paso al ecuador del mes que seguía. Era un trabajo arduo, pero merecía la pena. Aquí el tiempo tenía otra medida.

# DIFERENCIAS ENTRE PERSONALIDAD, CARÁCTER y TEMPERAMENTO.

- Una vez conocidos los tipos de personalidad, según la categorización de Carl Jung, os explicaré qué diferencia hay entre tres conceptos que, a menudo, acaban confundiéndose. Se trata de la personalidad, el carácter y el temperamento –comentó Pitia-.

- ¡Uy! ¡Es que la Oruga Azul tiene un carácter! –se atrevió a comentar Alicia-, que, poco a poco, había ido ganando posiciones en la fila y se encontraba entre las primeras. Había descubierto otra niña y pensó que, a su lado, podría comentar lo que pasaba en aquél extraño lugar. Se presentaron la una a la otra y ambas estaban encantadas de compartir aquella experiencia.

- Yo tengo mucho temperamento –contestó la Oruga Azul-.

- Yo creo que tu personalidad es arrolladora –comentó en voz baja un asistente que se había cruzado con la Oruga unos días atrás-. A pesar de ser un susurro, Pitia lo escuchó.

-Todos hemos oído en alguna ocasión cosas parecidas. Yo misma os he escuchado por aquí éstos comentarios –dijo Pitia-.

No hay que confundir los tres términos. Veamos de qué estamos hablando:

**La personalidad** es el modo en el que una persona siente, piensa y se comporta. Es la suma de temperamento y carácter. Es un concepto que está vivo y que se puede ver modificado con el tiempo, dependiendo de las vivencias de la persona y sus experiencias vitales. Hablamos de rasgos de personalidad cuando nos referimos a los diferentes "apartados", que componen nuestra personalidad. Mesurable a través de diferentes baterías psicotécnicas, podemos hablar por ejemplo de algunos de ellos, como pueden ser Afabilidad (A), Razonamiento (B), Estabilidad (C), Dominancia (E), Animación (F), Atención a las normas (G), Atrevimiento (H), Sensibilidad, (I), Vigilancia (L), Abstracción (M), Privacidad (N), Aprensión (O), Apertura al cambio (Q1), Autosuficiencia (Q2), Perfeccionismo (Q3) y Tensión (Q4).

**El temperamento** es nuestra herencia biológica, y por lo tanto difícil de modificar. Incluye el sustrato biológico, neurológico, endocrino y bioquímico.

Según Berne, existen tres tipos de temperamento, asociados a la actividad digestiva, muscular o intelectual. Así pues, los tipos de temperamento serían:

• Temperamento endomorfo (dominan los sistemas internos digestivo y respiratorio del embrión humano). Tranquilo y amable.

• Temperamento mesomorfo (sistema central del esqueleto, sistema muscular y circulatorio). Activo y emprendedor.

• Temperamento ectomorfo (sistema externo que origina el sistema nervioso). Inquietudes intelectuales más que físicas.


**El carácter** viene dado por nuestras vivencias, nuestra educación y se consolida con el hábito. Según Santos (2004), "el carácter es el sello que nos identifica y diferencia de nuestros semejantes. Es producto del aprendizaje social.". Los tres componentes, según Santos, son: emotividad, actividad y resonancia, o respuesta ante las impresiones. La combinación de éstos da lugar a los 8 tipos de carácter:

• Nervioso: Le falta disciplina en las cosas. Sociable, cariñoso y extrovertido. Cambia continuamente de intereses y de ocupación.

• Sentimental: Busca el aislamiento y la soledad. Rencoroso, difícil de reconciliar. Reflexivo. Problemas para adaptarse a las cosas nuevas.

• Colérico: Siempre ocupado en cosas. Atrevido. Improvisa, despilfarra energía y puede caer en la dispersión. Extrovertido.

• Apasionado: Gran memoria e imaginación. Prefiere trabajar sólo. Ordenado y metódico. Destaca en lectura, redacción y matemáticas.

• Sanguíneo: Poco sensible. Se mueve por resultados a corto plazo. Cerebral, optimista, social y curioso. Se deja llevar por la superficialidad.

• Flemático: Reposado y tranquilo. Callado, muy ordenado. Puntual Inteligencia profunda. Dócil y metódico.

• Amorfo: Perezoso, poco original, despilfarrador, carece de entusiasmo. Suele aplazar las tareas. Torpe y desordenado.

- Apático: Encerrado en sí mismo. Melancólico. Testarudo. Rutinario, pasivo. Carece de actividad. Poco interesado en actividades.

Por supuesto ésta es una somera información al respecto. A partir de aquí, ¿os habéis identificado? ¿Habéis identificado a vuestra pareja? ¿A vuestro jefe? Seguro que sí, y seguro que os ayudará a conocer al otro para poderos relacionar de una manera más efectiva, pero esto lo veremos más adelante. ¿Comenzamos por plantearnos algunas dudas? Pues adelante, ya iremos encontrando las respuestas –prosiguió Pitia-.

# PROGRAMACIÓN NEUROLINGÜÍSTICA (PNL) / COACHING E HIPNOSIS CLÍNICA

Pitia continuó su disertación:

- Y para que podamos continuar con el conocimiento, con el aprendizaje, ahora os hablaré de una ciencia llamada Programación Neurolingüística, también conocida como PNL, que nos brinda una ayuda a la hora de estudiar nuestros patrones mentales. Nos muestra la manera cómo codificamos y descodificamos la realidad que percibimos, a través de esos procesos mentales. Por lo tanto, podremos actuar sobre ellos para cambiarlos, modificarlos y mejorarlos. Trabaja sobre el *"cómo"*: Cómo trabajamos las ideas, cómo las procesamos, cómo las asimilamos y cómo las llevamos a la práctica. Se le ha llamado "la ciencia o el arte de la excelencia personal", y también "el análisis de la experiencia subjetiva". Parte de unas premisas, que podríamos sintetizar en las siguientes:

- **El mapa no es el territorio**: Cada uno de nosotros tenemos un mapa de la realidad que no es la realidad absoluta sino una interpretación de la misma. Por lo tanto, debemos tener en cuenta que cuando discrepemos en nuestras afirmaciones con alguien, deberíamos pensar que la realidad tiene diferentes apreciaciones. Es posible que nuestro mapa no coincida con el mapa de nuestro interlocutor.

• Habitualmente, las personas tienen problemas porque tienen **mapas poco útiles** o una gama ineficaz y limitada de conductas para resolver los problemas o para obtener los objetivos deseados. La denominada Ecología emocional se ocupa de saber escoger el mapa más adecuado para cada escenario.

• **El mejor mapa es aquél que me sirve.** Es inútil continuar con conductas que no nos aportan, que no nos facilitan la consecución de nuestros objetivos por lo que deberemos intentar cambiar el mapa por otro más conveniente.

• **Detrás de cada acto o palabra de uno mismo** hay una intención positiva. Esto quiere decir que detrás de algunas conductas que aparentemente pueden parecer nocivas hay una intención positiva. Por ejemplo, detrás de una conducta de fobia social, es probable que exista un deseo de protección personal, de no exposición al mundo. Detrás de una dolencia persistente, como puede ser una migraña, podríamos encontrar un patrón de conducta de la infancia, mediante el cual, cada vez que nos sentíamos enfermos recibíamos más atenciones y cuidados.

- **Es imposible no comunicarse**: hasta cuando no quiero comunicarme, transmito que no quiero participar, por lo tanto, estoy dando a entender cuál es mi intención.

- **No existen fracasos**, sólo resultados distintos a los esperados. Así debemos entenderlo para posteriormente cambiar nuestras estrategias y, posiblemente, nuestros mapas mentales.

La pregunta clave: *¿CÓMO?*

Espero que podamos practicar algún ejercicio para que podáis mejorar ese *"CÓMO"*, y así alcanzar los objetivos. La hipótesis de partida de la PNL es el modelado, en el sentido de copia, de obtener un *MODELO*. Si os fijáis en una persona de la cual os gustaría igualar sus resultados en un aspecto determinado, prestad atención en cómo piensa, cómo actúa, cómo resuelve ese aspecto. Hacedle preguntas al respecto, escuchadla y observadla. Ella también aprenderá de vosotros, porque, muchas veces, se dan por sentadas algunas habilidades y, al sacarlas a flote se abordan de manera distinta. Vuestras preguntas pueden darle ideas a la otra persona para mejorar su propia estrategia.

No se trata de dejar de ser vosotros mismos. Se trata de buscar un modelo, que posea las cualidades que nosotros queremos mejorar. Recordad, no hay una única respuesta, existen diversidad de caminos para llegar a la misma meta. Se trata de pensar que "si alguien puede hacer algo, tú también puedes"

Os animo a practicar sobre un aspecto que queráis mejorar.

Buscad a alguien que posea esa cualidad, y ¡practicad!

### EL MODELO POPS

Para practicar la técnica del modelado de la PNL, (la de escoger un modelo a seguir), existe una técnica / modelo denominado POPS. Os explico -continuó Pitia-:

POPS, significa Prueba – Operación – Prueba - Salida.

Está basado en los estudios de Miller y Galanter y viene a decir que ante cualquier conducta que realizamos cotidiana e inconsciente, como por ejemplo, ir a beber agua, establecemos un objetivo y unas evidencias para saber que hemos logrado el objetivo

Este modelo sostiene que cuando pensamos, mantenemos unos objetivos en nuestra mente, de manera consciente o inconsciente. Desarrollamos una *PRUEBA* para cuando nos parezca que hayamos alcanzado ese objetivo.

En el caso de no haber superado ésta prueba, realizamos una *OPERACIÓN* para modificar el comportamiento.

Volvemos a realizar otra *PRUEBA* y, si ésta funciona, establecemos la *SALIDA*.

Por tanto, en la vida, y traído a la consciencia, cuando planteamos objetivos, están basados en el POPS (prueba, operación, prueba y salida). Por esta razón es tan importante establecer cuáles van a ser las evidencias sensoriales que nos van a permitir saber si nos acercamos o nos alejamos de nuestros objetivos a la hora de proyectarlos.

En el caso del modelado, deberíamos fijarnos en:

• Los objetivos del individuo.

• Las pruebas y procedimientos de prueba utilizados por el sujeto que actúa para definir el progreso hacia el objetivo.

• El conjunto de opciones de la persona que actúa para conseguir el objetivo y las conductas específicas adoptadas para realizar esas opciones.

• Cómo responde el individuo si el objetivo no se alcanza en un principio.

Muchas veces -siguió Pitia-, nos volvemos resistentes al cambio, ya que hemos adoptado a lo largo de nuestras vidas algunas *CREENCIAS* que son limitantes. Ya os mencioné anteriormente éste concepto, ahora lo desarrollaremos.

Por ejemplo, podemos pensar que somos incapaces de hacer algo, o actuar de otra manera que no sea la que hemos tenido hasta ahora, etc. etc. ¿A qué es debido esto?, os preguntaréis...

Las creencias son generalizaciones mentales que hemos adquirido en nuestra educación, en nuestro entorno, a lo largo de nuestras vivencias. Se instalan en nuestras estructuras mentales, a veces de manera patológica. La base de muchas fobias son estas creencias auto limitantes.

Una fobia es una alteración grave de nuestra mente y de nuestro cuerpo, como consecuencia de una creencia irracional, que puede incluso provocarnos consecuencias físicas, como llevarnos a perder la conciencia, tener vómitos, etc. Resultado de creencias ancladas que hay que resolver.

¿Cuántos de vosotros, y en cuántas ocasiones habéis oído aquello de "Tú no puedes", "Esto no es para ti", "Tu eres incapaz", "Esto es pecado"?. Estas creencias se instalan en nuestro cerebro y actúan más tarde de manera automática. Einstein decía que es más fácil desintegrar un átomo que un prejuicio.

Al igual que un aroma o una canción nos hacen revivir momentos del pasado, estas creencias están vinculadas a comportamientos o valores nuestros, que nos pueden llegar a limitar en nuestras vidas. A éste fenómeno se le llama *ANCLAJE*, a través de un estímulo llamado *ANCLA*. Con la PNL se trata de romper el circuito y provocar un cambio. La hipnosis tiene también muy buenos resultados a la hora de modificar estas creencias, ya que trabaja a nivel inconsciente, de manera que se focaliza en el punto problemático para deshacer los nudos patológicos. Tenemos que aprender a modificar éstas creencias y sustituirlas por otras que no nos limiten. Debemos pues, seguir algunos pasos:

• Identificarlas, observando cuál es el momento y las circunstancias bajo las que aparecen.

• Qué es aquello que nos impiden conseguir.

• Cuestionar su utilidad y preguntarnos qué pasaría si las cambiáramos por otras más útiles.

• Modificar nuestro lenguaje respecto a los conceptos que nos paralizan, substituyendo términos negativos por otros positivos.

• Visualizar cómo sería nuestra vida con esa nueva creencia

No siempre es fácil seguir el procedimiento de manera individual y, en muchas ocasiones, se ha de acompañar de la ayuda de un profesional mediante técnicas que hagan aflorar a la superficie los conceptos que han quedado atrapados en nuestro subconsciente. Además, como una cadena, es posible que, al tratar una creencia limitante, vayan aflorando otras más.

- Pitia, ¿podría ser que nuestro autor Wagner, nos diera vida condicionado por alguna creencia limitante suya? –preguntó Tristán-. Me planteo si él, que estaba absolutamente enamorado de Mathilde Wesendonck, una dama muy interesada en la carrera creativa del triste Wagner, y que le proporcionó como musa una vitalidad inesperada, no proyectó sobre nosotros esa idea de muerte como única salida a su propia vida atormentada. Su creencia de que el amor no comporta sino tormento, por lo que la vida terrenal es un mar de sufrimiento, creo que le llevó a crearnos sabiendo ya cómo debíamos acabar, bebiendo una poción que nos matara a mí y a mi enamorada, Isolda. Ya en una carta que envió al compositor Liszt, expresó su consuelo "en el sentido e intenso deseo de muerte: una total inconsciencia, una completa negación del ser, el desvanecimiento de todo sueño, el único y conclusivo viaje". Wagner pidió a Mathilde escapar juntos y unir definitivamente sus vidas, pero ella, ya casada, le rechazó. La esposa de Wagner, Minna, malhumorada y celosa, forzó a su marido a viajar a Venecia, dónde vivió anhelando el objeto inalcanzable del amor de Mathilde.

- Muy buena apreciación, Tristán –contestó Pitia-. La creencia limitante de que el amor es sinónimo de sufrimiento y que, por lo tanto, no hay más salida que la muerte, fue una idea obsesiva de Wagner que impregnó su obra y sus personajes; entre ellos tú, Tristán, y tú Isolda.

Robert Dilts dijo: *"Muchas creencias limitadoras surgen como consecuencia de preguntas sin responder sobre el CÓMO. Cuando una persona no sabe cómo cambiar su comportamiento, es fácil que elabore la creencia de que ese comportamiento no puede cambiarse".*

# ESPEJISMOS DE LA MENTE:

# LA INDEFENSIÓN APRENDIDA, LA PROFECÍA AUTO CUMPLIDORA Y EL EFECTO HALO

-Esas ideas preconcebidas, que nos limitan en nuestras decisiones, en nuestras vidas en general, provienen, en la mayoría de casos, de nuestra infancia, como ya os he comentado –siguió Pitia-.

-¿Y por qué no somos capaces de reaccionar y nos dejamos guiar por ellas? –preguntó Isolda-, muy atenta a todo lo que se estaba comentando sobre ella y su pareja Tristán-.

-Porque nuestro subconsciente es muy poderoso y, sin saberlo nosotros, almacena la información para ir soltándola, a veces sistemáticamente, a veces, puntualmente. Mi-rad, os hablaré de un concepto estudiado por un psicólogo llamado Martin Seligman. Se trata de *la indefensión aprendida*. Su teoría se basa en que la persona se inhibe y muestra pasividad cuando, repetidamente, sus acciones para modificar las cosas no funcionan. Experimentó con dos perros, a los que colocó en una jaula y a los que les aplicaba corrientes eléctricas. Uno de ellos podía cortar la corriente con el hocico; el otro no. El primer perro mantuvo la alerta y la energía, mientras que el otro vivió asustado, nervioso y cayó en una depresión. Su actitud fue de completa indefensión, aun cuando cambiaron las condiciones y ya tenía la posibilidad de parar la corriente cambiando la situación. Para entonces ya estaba tan paralizado que no actuó, pudiendo hacerlo. Éste síndrome provoca una "adaptación psicológica", una pérdida de toda respuesta de afrontamiento ante situaciones dolorosas, que provoca una incapacidad para actuar y cambiar la actitud, aun cuando el escenario se torna favorable.

La mente en ocasiones nos presenta espejismos que nos hacen creer cosas inverosímiles sobre nosotros mismos o sobre nuestros semejantes. *David Dunning y Justin Kruger* en un estudio que llevaron a cabo y que lleva su nombre, comprobaron que la gente competente en algún aspecto, acostumbra a infravalorar sus capacidades. Por el contrario, también sucede lo opuesto, gente realmente ineficiente en algo, tiende a creerse experto. Plantearon que, probablemente, las personas más incompetentes vivan en su ignorancia debido a que carecen precisamente de esa competencia para identificar sus propias limitaciones. A veces, las ideas sobre nosotros mismos, sobre todo de la infancia, las que nos han inculcado, pueden provocar que, realmente, nos sintamos cómo tales, bien sean competentes o incompetentes. Así, por ejemplo, si continuamente se nos dice que somos estúpidos y torpes, es muy probable que acabemos por creérnoslo. En psicología se denomina el *síndrome de la profecía auto cumplidora.* Es muy importante, por lo tanto, que los mensajes que transmitamos, sobre todo a nuestros receptores de edades tempranas, sean positivos y alentadores. *El sesgo de confirmación* es el fenómeno mediante el cual, nuestra mente prescinde de cualquier información contraria a nuestras creencias y tiende a ignorar cualquier información que no nos las refuerce.

Por cierto, ¿sabéis en qué consiste *el efecto halo?*

-continuó Pitia-. Es importante tenerlo en cuenta a la hora de vuestras relaciones interpersonales. Para un psicólogo tiene un significado distinto del que podría darle un meteorólogo o un físico. Como ya os he comentado en otras ocasiones, no nos podemos cerrar en nuestras propias ideas ni en nuestras concepciones de la realidad. Debemos huir de las categorizaciones porque, posiblemente, nuestras interpretaciones de la realidad no siempre coinciden con las interpretaciones de nuestros interlocutores. Os explicaré qué significa *"el efecto halo"* para un psicólogo. Cuando nos relacionamos con otras personas, tenemos tendencia a valorarlas a partir de un rasgo que sobresale por encima de los otros y generalizar a partir de esa primera impresión hacia características que posiblemente nada tienen que ver. Por lo tanto, conviene conocer éste mecanismo evolutivo, ser conscientes de su poder para tratar de evitar errores perceptivos y en general ser más precisos y libres a la hora de realizar valoraciones o juicios. Este rasgo puede ser positivo o negativo, conviene tener presente éste fenómeno, ya que puede ser una trampa de la percepción humana. Nos puede hacer caer en errores a la hora de elaborar juicios. Fue Eduard Thorndike quien evidenció este sesgo cognitivo estudiando la opinión que tenían los oficiales sobre sus subordinados. Concluyó que los oficiales que atribuían positivamente una cualidad, también calificaban de la misma manera en las demás cualidades. Lo mismo sucedía cuando calificaban a alguien en forma negativa. Imaginemos que conocemos a alguien y que nos llama la atención un aspecto de su persona, por ejemplo, su uniforme. Nos deberíamos hacer la pregunta siguiente: ¿Nos causaría el mismo efecto dicha persona si no lo llevara? Thorndike llegó a la conclusión de que las personas no somos lo suficientemente hábiles como para separar un atributo aislado, con fuerte impacto emocional, de nuestra visión global de la persona o del hecho en cuestión.

# CONSCIENTE – INCONSCIENTE Y SUBCONSCIENTE

-A menudo, para referirnos a actos de los que no tenemos el control absoluto, hablamos del inconsciente, del almacén donde guardamos recuerdos y vivencias, de la plataforma desde la que nos dirigimos cuando no actuamos desde nuestra consciencia –explicó Pitia-. No obstante, existen algunos términos de los cuales me gustaría hablaros:

La consciencia es un hecho subjetivo que puede verbalizarse o demostrarse a través de la conducta. Es percibido por el sujeto como el presente.

El subconsciente o preconsciente lo forman todos aquellos sucesos y experiencias vividas, capaces de traspasar la barrera para llegar a la consciencia mediante las técnicas adecuadas. Una de sus funciones básicas, con la finalidad de evitar contradicciones, es la de mantener aletargados y censurados los deseos no compatibles con el presente, El inconsciente ocupa la mayor parte de nuestro cerebro (6/7 partes), y almacena las experiencias vividas desde la niñez: impulsos, pensamientos, recuerdos reprimidos, etc. Para acceder tanto a él como al subconsciente, se utilizan técnicas como la hipnosis clínica, mediante la cual, accedemos a experiencias que, sin darnos cuenta, pueden afectar nuestro presente.

Es un buen ejercicio, tal como os he comentado, identificar aquello que no nos permite continuar con nuestra vida de una manera sana y ordenada, lo que provoca en nosotros insatisfacciones, luchas internas y sinsabores. Intentando reconocer los hechos pasaremos algunas ideas del área del subconsciente al espacio de la consciencia. Una manera de hacerlo es llevar el control de lo que pensamos, de lo que hacemos y de lo que anhelamos escribiendo sobre ello, lo que hará tomar consciencia de los actos y permitirá que afloren y no sedimenten en espacios recónditos de nuestra mente.

# ENEAGRAMA

Para continuar con las clasificaciones de personalidad, os explicaré otro sistema –continuó Pitia-.

- El Eneagrama de la Personalidad es un sistema de clasificación que describe nueve tipos o personalidades arquetípicas, con sus estrategias básicas para tratar sus asuntos. Una personalidad arquetípica puede aproximarse o alejarse de otro tipo, dependiendo de su grado de proactividad o frustración (tipo sano, tipo promedio, tipo malsano) –continuó Pitia, mientras los demás escuchaban y el sacerdote se apresuraba a recoger la información en su pergamino-. No es algo estático, sino dinámico, por lo que un tipo de personalidad puede pasar, por ejemplo, de un estado sano a uno promedio, o viceversa, en función de cómo evolucione –añadió-.

Mirad, para poder explicaros los tipos de personalidad según la clasificación del Eneagrama, tomaremos como ejemplos a algunos de vosotros. Os preguntaréis cómo sabré quienes sois, pero os recuerdo que vengo del Oráculo de Delfos. Os conozco a todos; aunque en alguna ocasión no os lo haya demostrado. Empezaremos por el tipo 1 Como ejemplo, podemos encontrar entre vosotros a Emma.

Emma miró a su alrededor, creyendo que no iba con ella, pero Pitia la señaló con su mano. Ambas sonrieron y Pitia continuó:


- *El tipo 1 es el Tipo Reformador. El tipo 1 sano*, se corresponde con personas duras y estrictas, de principios sólidos, perfeccionistas y resolutivas. Da órdenes y comprueba que se cumplan de manera ordenada y rigurosa. Son personas justicieras, con modales exquisitos que ocultan una ira contenida. Su arma es la crítica hacia los demás, con lo cual, el otro se siente inferior.

*El tipo 1 promedio* se corresponde con individuos que, a partir del *tipo sano*, se convierten en insatisfechos con la realidad que viven, lo cual provoca en ellos la necesidad de cambiar y mejorar las cosas. Son ordenados, pulcros, metódicos, muy organizados, lógicos, aunque muy rígidos. Suelen ser muy puntuales y un tanto fastidiosos. Muy críticos con ellos y con los demás. Perfeccionistas, impacientes, insatisfechos y se enfadan con facilidad.

*El Tipo 1 malsano*: Pueden llegar a ser muy dogmáticos, intolerantes e inflexibles. Siempre creen tener la razón. Se vuelven obsesivos con las imperfecciones y los erro-res de los demás. Pueden llegar a caer en depresiones debido a la intolerancia y la falta de aceptación de la realidad.

Sus motivaciones clave: Desean esforzarse al máximo, para hacer lo correcto, justificarse a sí mismos, estar más allá de las críticas para no ser juzgados por nadie.

Su miedo básico: ser malo, defectuoso, perverso, corrupto.

Su deseo básico: ser bueno, equilibrado, íntegro.

Entre ellos, además de Emma: Mahatma Gandhi, Harrison Ford, Margaret Thatcher, Vanesssa Redgrave, Jane Fonda.

Emma se sonrojó viéndose retratada por alguien a quien no conocía.


- *El tipo 2 es el Tipo Ayudador*. Para éste tipo de personalidad tomaremos como ejemplo a Dorothy –continuó Pitia-, mirando a la niña que, absorta en lo que estaba escuchando, solo pudo acertar a estirar el cuello hacia adelante para así no perderse nada de lo que le dijera la pitonisa.

Dorothy, tú has venido aquí casi de casualidad buscando un lugar en el que dar soluciones a tus amigos. Los tipos 2, como tú, son personas capaces de mostrar empatía, compasivos, con gran sensibilidad. Se preocupan por las necesidades ajenas, son sinceros, afectuosos, condescendientes y atentos. Desempeñan un rol paternal. Entre-gados y serviciales. Ofrecen amor incondicional sin esperar retribución.

*Los Tipos 2 promedio* están llenos de buenas intenciones respecto a todo. El amor es su valor supremo y hablan todo el tiempo de él. Desean que las personas dependan de ellos. Cuando dan algo, esperan algo a cambio y con frecuencia envían dobles mensajes. Esperan que se les agradezca su entrega. Se pueden tornar arrogantes.

*Los Tipos 2 malsanos* se resienten y se quejan con amargura. Manipuladores que funcionan sólo en beneficio propio con tal de sentirse bien. Capaces de racionalizar y justificar cualquier cosa que hagan, ya que se sienten víctimas y objeto de ingratitud de los demás. La somatización da como resultado problemas de salud crónicos. La búsqueda del placer y de toda clase de gratificaciones para compensar la falta de afecto y ternura los puede volver hedonistas. Proyectan sobre los demás sus propios sentimientos y necesidades como justificación para honrarles mediante el propio servicio y disponibilidad.

Su motivación básica: ayudar y estar al servicio de los demás

Su miedo básico: no ser amado ni deseado.

Su deseo básico: sentirse amado.

Algunas personas representativas del Tipo Dos: La Madre Teresa, Bárbara Bush, Eleonor Roosevelt, Leo Buscaglia, Bill Cosby, Barry Manilow, Lionel Ritchie, Kenny G, Luciano Pavarotti.

Dorothy intentaba entender todas y cada una de las palabras de Pitia, y se juró a sí misma no volverse nunca tipo 2 malsano. Tenía que aprender a hacerlo, pero estaba convencida que iba por el buen camino

- *El tipo 3 es el Tipo Triunfador.* Como ejemplo de éste tipo de   personalidad, se encuentra entre los presentes el Hombre de Hojalata –continuó Pitia, provocando en el ambiente silencioso hasta   entonces, unos ruidos metálicos, que delataban el cambio de posición del hombre de hojalata-

*Los Tipos 3 sanos*, son seguros de sí mismos, con alta autoestima, ambiciosos y con ganas de superarse a sí mismos. Destacan a menudo sobre la media de los demás. Buenos comunicadores, saben venderse. Con especial sentido del humor, captan la atención de los demás, también por su gran corazón. Son nobles y amables.

*El Tipo 3 promedio*: Se muestran competitivos para destacar por encima de los demás. Buscan el éxito y el estatus social. Orientados a objetivos, son conscientes de que su imagen es importante y se preocupan que así sea. Pragmáticos, preocupados por decir lo correcto, se vuelven camaleónicos para agradar y ser aceptados. Tienden al narcisismo y a la arrogancia.

*El Tipo 3 malsano*: Debido a su miedo a no ser aceptados y no estar a la altura de lo que desean, se tornan celosos, saboteadores y vengativos. Tendencias violentas. Mentirosos patológicos. Oportunistas y explotadores de los demás para su propio éxito.

Motivación básica: reafirmación, destacar por encima de los demás, y ser el centro de atención para ser admirados. Quieren ser amados y necesitados.

Su miedo básico: Al fracaso y a la no aceptación.

Su deseo básico: Agradar y destacar.

Otros ejemplos: Bill Clinton, Tom Cruise, Michael Landon, Sharon Stone, Sting, Ricky Martin.

Dorothy clavó los ojos en el hombre de hojalata, que permanecía erecto intentando mantener en silencio sus coyunturas, para no entorpecer el discurso de Pitia. Ambos entendieron la necesidad del hombre de encontrar un corazón. No estaría completo sin él. Ahora que sabía que los tipos de personalidad 3, al cual pertenecía, disponían de un gran corazón. Por fuera brillante y reluciente, pero hueco por dentro. De todas formas –pensaron también-, eso de no tener corazón tenía sus ventajas, no se sufría. En el momento en el que lo encontrara, debería aprender a gestionar sus emociones. Pero eso sería más adelante.

- *El Tipo 4, o Tipo Individualista*, corresponde a aquéllas personas sensibles, reservadas, eternas buscadoras de su esencia interior. ¿Quién puede representar a este tipo de entre los presentes? –Pitia lanzó la pregunta al aire, sin ánimo de encontrar respuesta-. Sabía que todo aquello era nuevo para el foro que la escuchaba Como muestra de éste tipo de personalidad, tenemos a tío Henry.

El comentario de Pitia provocó un codazo de tía Emma sobre las costillas de su marido, que le supuso, además de sonrojarse, llevarse la mano a tal sitio para paliar el malestar.

- Son –continuó Pitia- personas en contacto con sus sentimientos e impulsos internos. Intuitivos respecto de sí mismos y de los demás. Emocionalmente estables y auténticos. Pueden ser serios y graciosos a la vez. Fuertes en su interior, algo vulnerables. Discretos y respetuosos. Con capacidad auto creativa, pueden transformar sus propias experiencias en algo valioso.

*Los tipos 4 promedio*: con gran orientación artística, estética y romántica de la vida. Intensifican la realidad mediante la fantasía, la imaginación y los sentimientos apasionados. Toman todo de manera personal, lo cual les hace volverse hipersensibles, introvertidos, malhumorados, incapaces de ser espontáneos o de salirse de sí mismos. Se mantienen al margen para preservar su imagen y poder ordenar sus sentimientos. Poco a poco empiezan a sentir que no son como los demás y no pueden llegar a ser felices. Viven en un mundo de sueños y expectativas poco realistas. Muestran actitudes rebuscadas.

*El Tipo 4 malsano*: cuando sus sueños fracasan se enfurecen con ellos mismos, se deprimen y se avergüenzan de sí mismos, aislándose de los demás, debido a los auto inhibidores y a su parálisis emocional. Cargan con una profunda fatiga, así como con desórdenes mentales. Se sienten bloqueados emocionalmente. Se odian a sí mismos cuando sus sueños fracasan. Tienen tendencia a refugiarse en el alcohol y las drogas, en casos extremos.

Sus motivaciones clave: necesitan afirmar su individualidad, rodearse de cosas bellas. Desean ser capaces de proteger su autoimagen, de cuidar las necesidades emocionales. Necesitan atraer a un "salvador".

Su miedo básico: no tener importancia ni identidad personal.

Su deseo básico: descubrirse a sí mismos, creándose una identidad.

Otros ejemplos: Ingmar Bergman, Alanis Morrisette, Paul Simon, Jeremy Irons, Patrick Stewart Bob Dylan, Miles Davis, Johnny Depp, Anne Rice, Rudolph Nureyev, J.D. Salinger, Anaïs Nin, Marcel Proust, Maria Callas, Tennessee Williams, Edgar Allan Poe, Annie Lenox, Prince, Cher, Michael Jackson, Virginia Woolf, Judy Garland , "Blanche DuBois."

Dorothy, que escuchaba atentamente, cayó en la cuenta que tío Henry nunca reía. Trabajaba de la mañana a la noche, la expresión de su cara era siempre solemne y dura; y pensó, sin pensar que pensaba, que tío Henry había cruzado el umbral del tipo malsano. Y se sintió mal, por si ella tenía alguna cosa que ver con ese cambio de status.

*El Tipo 5 o Tipo Investigador*, se lo adjudicó Pitia a la Oruga azul, que, acurrucada encima de un montículo algodonoso, fumaba su pipa mientras atendía atenta sus indicaciones.

- *El Tipo 5 básico*: son curiosos, observan todo con perceptividad exquisita e insólita. Capaces de enfocarse en aquello que llama su atención, predicen el probable desenlace de los eventos. Dispuestos siempre a aprender, se convierten, a menudo en expertos en algún campo. Pensadores independientes, innovadores e inventivos. Comprenden el mundo en toda su extensión. Con amplio criterio, es común que encuentren nuevas maneras de hacer y de percibir las cosas.

*El Tipo 5promedio*: se tornan analíticos, examinan continuamente las cosas de manera intelectual. Especulan sobre ideas abstractas y complejas. Se desapegan y se preocupan por las interpretaciones, antes que por los hechos reales, a medida que especulan sobre dichas ideas. Se convierten en "mentes incorpóreas", aunque muy tensos y con una aguda agresividad como mecanismo de defensa contra el hecho de verse emocionalmente involucrados. Toman posturas antagonistas  hacia cualquier cosa que pudiera interferir con su mundo interior o con su visión personal de las cosas. Provocadores.

*El Tipo 5 malsano*: al rechazar  y repeler todos los vínculos sociales, se recluyen y aíslan de la gente y de la realidad, volviéndose excéntricos y mentalmente inestables. Hostiles en extremo, temerosos de las agresiones de los demás, se ponen cada vez más recelosos. Se obsesionan y se atemorizan con sus propias ideas, que parecen amenazarlos. Se vuelven paranoicos y experimentan distorsiones mentales, fobias y alucinaciones.

Sus motivaciones clave: Desean obtener conocimiento, entender las cosas que les rodea, descifrar todo como mecanismo de defensa contra las amenazas del entorno.

Su miedo básico: ser impotente, inútil o incapaz. Se mantienen en guardia contra ser invadidos o engullidos por otros. Cuando están a la defensiva, pueden retirarse y volverse hostiles como un mecanismo de defensa de su hipersensibilidad. Temen las relaciones íntimas dado que éstas pueden conducirlos a sentirse agobiados.

Su deseo básico: ser capaz y competente

Otros ejemplos: Albert Einstein, Stephen Hawking, Bill Gates, Georgia O'Keefe, Stanley Kubrick, John Lennon, Lily Tomlin, Gary Larson, Laurie Anderson, Merce Cunningham, Meredith Monk, James Joyce, Björk, Susan Sontag, Emily Dickenson, Agatha Christie, Ursula K. LeGuin, Jane Goodall, Glenn Gould, John Cage, Bobby Fischer, Tim Burton, David Lynch, Stephen King, Clive Barker, Trent Reznor, Friedrich Nietzsche, Vincent Van Gogh, Kurt Cobain y "Fox Mulder".

La Oruga azul se aplicó la lección y se juró, que aunque se volviera mariposa, no se volvería jamás malsana. Néstor, que escuchaba todo a través de sus auriculares, dudó si él pertenecía o no a éste grupo. De momento, acabaría de escuchar los que faltaban... Se prometió, no obstante, revisar capítulos de su vida mal cerrados para recuperarlos, revisarlos y archivarlos en la carpeta correspondiente. En definitiva, había dedicado toda su vida a formarse, a estudiar coordenadas, principios de la física y de la aerodinámica, mapas, geografía, manuales de funcionamiento y actuaciones en situaciones desfavorables; y ahora caía en la cuenta de que sabía muy poco de sí mismo.

Entre los asistentes había un hombre con un  gran bigote que, tras escuchar a Pitia se sintió identificado y pensó que ya no llegaba a tiempo de mejorar. Había evolucionado hacia la peor versión de sí mismo.

Pitia bebió un sorbo de agua del vaso que tenía a su derecha, antes de continuar hablando.

-A continuación os explicaré *El Tipo 6 o El Leal*. Aunque en ésta ocasión no os revelaré a quién corresponde de los presentes. A ver quién se siente identificado: son capaces de obtener intensas respuestas emocionales de los demás; son graciosos, simpáticos, cautivadores, amistosos y juguetones. La confianza es muy importante al igual que el hecho de vincularse con los demás y establecer relaciones permanentes. Se comprometen y son leales con las personas con quienes se han identificado. Responden a los demás siendo cooperadores, confiables, responsables, trabajadores leales y cumplidores. Llegan a ser asertivos, confían en ellos mismos y en los demás, independientes aunque simbióticamente interdependientes. La fe en sí mismos los lleva a tener una actitud positiva y a manifestar valentía, liderazgo, riqueza de creatividad y autoexpresión.

*El Tipo 6 Promedio*, empiezan a invertir su tiempo y energía en lo que ellos creen que les proporcionará seguridad y estabilidad. Son ambivalentes y reaccionan contra la autoridad a través de conductas pasivo-agresivas que mandan señales contradictorias y confusas. La ambivalencia hace que vacilen y reaccionen de manera imprevisible. Actúan con evasión, indecisión y cautela respecto a todo. A medida que aumentan las tensiones, se vuelven gruñones, negativos y tienden a mandar señales contradictorias. Para superar las dudas y las angustias, se tornan sarcásticos y reaccionarios; adoptan una actitud recia y rebelde para compensar sus crecientes inseguridades. Se convierten en personas beligerantes y reaccionan con agresión ante las aparentes amenazas a su seguridad. Pueden ser muy parciales y defienden a grupos excluyentes. Se tornan ruines e intolerantes, convirtiendo a los demás en chivos expiatorios y atacando a cualquiera que parezca amenazarlos, como una forma de acallar sus temores e inseguridades.

*El Tipo 6 Malsano*: Al temer la condena y el rechazo por parte de la figura de la autoridad, se sienten inseguros en exceso y se vuelven dependientes y auto menospreciativos con agudos sentimientos de inferioridad. Tienen una autoimagen disminuida y se deprimen; se sienten cobardes, inútiles, incompetentes y atormentados por temores.

Reaccionan en exceso en todo, exageran los problemas y es posible que sus actos irracionales, en efecto, causen justamente aquello que temen. En extremo angustiados, se sienten perseguidos y atacados por los demás. Para liberarse de la angustia, el abandono y las consecuencias de sus actos, se rebajan y se humillan ante la figura de autoridad para poder ser rescatados. Como patología, se presenta una conducta auto castigadora y masoquista.

Motivaciones clave. Quieren tener seguridad, sentirse apoyados por los demás, tener certidumbre y tranquilidad, probar las actitudes de las personas hacia ellos, luchar contra la ansiedad y la inseguridad.

Miedo básico: no tener apoyo ni orientación
Deseo básico: encontrar seguridad y apoyo

Otros ejemplos: RFK, Malcom X, la princesa Diana, George Bush, Richard Cheney, Tom Hanks, Bruce Springsteen, Candice Bergen, Gilda Radner, Meg Ryan, Helen Hunt, Sigourney Weaver, Mel Gibson, Patrick Swayze, Julia Roberts, Phil Donahue, Jay Leno, John Goodman, Diane Keaton, Woody Allen.


Se rompió el silencio y se escucharon murmullos organizados entre grupos. En ese momento, Dorothy aprovechó para entablar conversación con Alicia, que había estado callada y escuchando todo el rato. Se dirigió a ella, que por proximidad de edad, le presentaba mayor cercanía que el resto del grupo. Sus ansias por aprender le hacían abrir todos sus canales de comunicación para que no se le escapara nada. Algunas palabras no las entendía, pero seguía el significado de las frases. Estaba aprendiendo mucho más que en la escuela a la que iba, en la cual se aburría como una ostra.

-¿A ti qué te parece? ¿Conoces a alguien con esas características? A mí me parece haber reconocido a mi amigo el león.

-Parece que son personas cobardes cuando no son sanas, ¿no?, es lo que me ha parecido entender –contestó Alicia- ¿Está aquí?

Mientras Alicia se dirigía a Dorothy, ésta ya se había dispuesto a buscar con la mirada al león, que había desaparecido de la última fila, donde había permanecido hasta entonces durante toda la charla. Alicia, al darse cuenta, miró en la misma dirección pero no reconoció león alguno. Dorothy se levantó entonces en busca de su amigo y lo encontró agazapado unos pasos por detrás de la última fila, encaramado entre dos nubes, que, a pesar de su volumen, dejaban al descubierto parte de su melena.

-¿Qué haces aquí? -le preguntó Dorothy, alzando la voz-.

-Me da mucha vergüenza que se me reconozca mi gran defecto. El defecto que me separa de los de mi especie, y del que preferiría no hablar en público. *"Me temo que no hay duda de que soy un león de risa".*

- Pero, para poder mejorar los defectos, primero tenemos que identificarlos y luego reconocerlos –le sugirió Dorothy-.

-Vale, pero, por favor, no me delates –contestó el león-, con lo que Dorothy volvió a su fila y se dispuso a seguir escuchando a Pitia. En voz baja y al oído, le contó a Alicia el suceso. Esta, se tapó la boca con la mano para así ocultar la risa y, entornando los ojos, creó una situación de complicidad entre ambas. Pitia no quiso levantar susceptibilidades y dejó al público que identificara a su libre albedrío.

- *Vamos por el tipo 7 o Tipo Entusiasta.* Pertenece a éste tipo del eneagrama el Mago de Oz, que no está aquí ahora porque está buscando los deseos de Dorothy y sus amigos. En breve, traerá el cerebro del espantapájaros, el corazón para el hombre de hojalata y la valentía para el león –explico Pitia y provocó la alegría de los afectados y, por supuesto, de Dorothy-.

*Los Tipo 7 Sanos* llegan a ser muy sensibles, excitables y entusiastas respecto a cualquier tipo de experiencia. Son extrovertidos, orientados hacia el mundo real de las cosas y sensaciones; son espontáneos y se regocijan con todo. Cada estímulo produce una respuesta inmediata y todo les parece excitante y vigorizador. Son alegres, vivaces, estimulantes, flexibles y animosos. Se convierten en realizadores versados y en individuos con aptitudes y conocimientos variados que hacen bien muchas cosas distintas. Poseen una gran cantidad de talentos y están dotados con capacidades virtuosas así como destrezas prodigiosas. Son prácticos, productivos, prolíficos, versátiles y abarcan numerosas áreas de interés. Asimilan a fondo las experiencias y llegan a ser individuos reconocidos y agradecidos, cautivados por las maravillas de la vida. Son positivos, optimistas, alegres y se sienten extasiados. Comienzan a tener indicios de una vida más allá de lo físico y experimentan un profundo sentido de las bondades de la vida.

*El Tipo 7 Promedio.* A medida que sus apetitos aumentan, los tipo Siete promedio desean experimentar con más cosas y tener una variedad más amplia de vivencias, se convierten en consumidores ávidos, materialistas codiciosos, individuos extasiados por las cosas del mundo, conocedores, "establecedores de modas" y buscadores de sensaciones nuevas. Se vuelven incapaces de decirse no, de negarse cualquier cosa. Hiperactivos, se lanzan a una actividad constante y hacen y dicen cualquier cosa que se les ocurra. Temen aburrirse y tratan de aumentar su estímulo y excitación manteniéndose en constante movimiento y distrayéndose con algo entretenido y nuevo, aunque hagan demasiadas cosas. Corren el riesgo de volverse superficiales, sin inhibiciones, volátiles, ostentosos, extravagantes. Sienten que nada les satisface, así que se vuelven inmoderados y desmedidos. Llegan a ser egocéntricos, egoístas, exigentes e impacientes. Insensibles con los demás, pueden llegar a ser groseros, descorteses. Tienen tendencias adictivas.

*El Tipo 7 malsano*: se frustran con mucha facilidad, son ofensivos y abusivos en cuanto que llegan a exigir cualquier cosa que desean para mantenerse ocupados y distraídos. Se vuelven escapistas infantiles, impulsivos e insultantes y pueden caer en ataques de ira y en rabietas. Tienen serios problemas para controlarse. Las adicciones al alcohol, las drogas y otros excesos aumentan a medida que se van convirtiendo en individuos disipados, libertinos, pervertidos y depravados. Antes de manejar la angustia, expresan los impulsos en conductas sin inhibiciones; se descontrolan y son víctimas de cambios anímicos caprichosamente erráticos, volátiles y de actos compulsivos. Participan en locas parrandas de diversos tipos, como si no hubiera límite para ellos. Huyen de sí mismos y son objeto de súbitos ataques de pánico, depresión profunda y desesperación.

Motivaciones clave. Desean mantener su libertad y felicidad, evitar perderse cualquier experiencia que valga la pena, mantenerse motivados y ocupados, rechazar y rehuir el dolor.

Miedo básico: verse despojado de todo y atrapado en el sufrimiento.

Deseo básico: estar feliz y contento, encontrar satisfacción.

Ejemplos. JFK, Benjamin Franklin, Leonard Bernstein, Leonardo    DiCaprio, Kate Winslet, Elizabeth Taylor, W.A. Mozart, Steven Spielberg, Federico Fellini,

Dr. Richard Feynman, Timothy Leary, Robin Williams, Jim Carey, Mike Myers, Cameron Diaz, Bette Midler, Chuck Berry, Elton John, Mick Jagger, Gianni Versace, Liza Minelli, Joan Collins, Malcom Forbes, Noel Coward, Sarah Ferguson.

Néstor empezó a dudar si él mismo pertenecía al grupo 5 o al grupo 7. Sea como fuere, la promesa que se hizo de revisar capítulos mal cerrados la cumpliría, para así poderse situar en los grupos sanos de uno u otro Tipo.


*-El tipo 8, o tipo Desafiador*, son asertivos, confiados en sí mismos y fuertes. Pertenece a éste grupo Richard Wagner, que supongo ya habéis reconocido por aquí. Los tipo Ocho sanos han aprendido a luchar para conseguir lo que necesitan y desean. Están orientados a la acción; tienen una actitud de "puedo hacerlo" y cuentan con una gran motivación interna. Les encantan los desafíos y son hábiles para iniciar proyectos; toman la iniciativa y hacen que las cosas ocurran. Son líderes naturales que los demás respetan y a quienes acuden en busca de orientación. Decididos, autoritarios y dominantes, los tipo Ocho sanos se ganan el respeto siendo honorables y utilizando el poder en forma constructiva defendiendo y protegiendo a la gente, actuando

como proveedores, auspiciadores y promotores de causas nobles y empresas valiosas. Se vuelven moderados, magnánimos, misericordiosos y tolerantes. Son capaces de dominarse a través de auto doblegarse ante una autoridad. Valientes, deseosos de ponerse en peligro para obtener lo que buscan y causar una influencia duradera. Pueden ser heroicos e históricamente grandiosos.

*El Tipo 8 Promedio:* les preocupa llegar a ser autosuficientes así como independientes a nivel económico. Son "individualistas recios," pragmáticos, emprendedores, trabajadores y muy audaces; les encantan las aventuras y correr riesgos para ponerse a prueba y reafirmarse. Empiezan a querer dominar el ambiente y a las demás personas; se vuelven enérgicos, agresivos, orgullosos, egocéntricos y expansivos: se convierten en "el jefe" cuya palabra es ley. Imponen su voluntad y visión en todo y no ven a los demás como sus iguales ni los tratan con respeto. Sienten que deben salirse con la suya y se vuelven confrontadores, beligerantes, amedrentadores y desafiantes al mismo tiempo que tienden a crear relaciones antagónicas. Todo lo con-vierten en una prueba de voluntad y nunca ceden. Utilizan amenazas y represalias para que los demás les obedezcan, para mantenerlos en desequilibrio y con una sensación de impotencia. Sin embargo, el trato injusto hace que los demás tengan resentimientos y existe la posibilidad de que se agrupen en contra de ellos.

*El Tipo 8 Malsano*: se aferran a su poder y quieren prevalecer con el control sin importar el costo. Se vuelven totalmente crueles, violentos, inmorales y despiadados, dictatoriales y opresivos. No admiten la culpa, ni el temor ni cualquier otro sentimiento humano. Comienzan a desarrollar ideas delirantes acerca de sí mismos y se sienten omnipotentes, invencibles e invulnerables. Cada vez se vuelven más temerarios y si sienten que están en peligro, pueden destruir con crueldad a todo aquel que no haya acatado su voluntad.

Motivaciones clave: Desean tener confianza en sí mismos, probar su fuerza y resistir la debilidad, ser importantes en su mundo, dominar lo que les rodea y tener el control de todas las situaciones.

Miedo básico: ser herido o dominado por otros
Deseo básico: protegerse, tener el control de su propia vida y de su destino.

Ejemplos. M. L. King, Jr., FDR, LBJ, Mikhail Gorbachev, G.I. Gurdjieff, Pablo Picasso, Sean Connery, Susan Sarandon, Glenn Close, Russel Crowe, John Wayne,

Charlton Heston, Norman Mailer, Mike Wallace, Bárbara Walters, Ann Richards, Toni Morrison, Lee Iococca, Donald Trump, Leona Helmsley, Frank Sinatra, Bette Davis, Roseanne Barr, James Brown, Chrissie Hynde. Courtney Love, Fidel Castro y Saddham Hussein.

-Y por último, *el tipo 9, o El Pacificador*, al cual pertenece el Espantapájaros y el psicólogo Carl Jung, de quién ya os he hablado. Son receptivos, abiertos, ecuánimes, desinhibidos, emocionalmente estables y serenos. Con confianza en ellos mismos y en los demás. Pacientes, modestos, inocentes, sencillos y en verdad agradables. Hacen que la gente se sienta cómoda y tienen una influencia sedante, sanadora; armonizan a los grupos y unen a las personas. Buenos mediadores, confortadores y protectores. Tienen una enorme dignidad, profunda serenidad y verdadera paz que provienen de la aceptación de su condición humana.

*Tipo 9 Promedio*: se vuelven humildes, se acomodan y aprueban demasiado a los demás. Son dóciles, adaptables y conciliadores de manera excesiva; aceptan con ingenuidad y sin condición, las expectativas convencionales; se subordinan al otro, lo idealizan y viven a través de él. Los tipo Nueve son conservadores y temerosos a los cambios, a los trastornos y a las presiones de cualquier tipo. Son pasivos, indiferentes y complacientes; se alejan de los conflictos y eluden los problemas. Son perezosos, emocionalmente indo-lentes, no tienen ninguna disposición al esfuerzo o al enfoque de problemas; muestran una enorme indiferencia y se esperan hasta que los problemas desaparecen solos. Empiezan a desconectarse de la realidad y se olvidan de lo que no quieren ver. Si los problemas no desaparecen los minimizan para apaciguar a los demás y para tener paz a cualquier precio. Son estoicos, fatalistas y resignados, y sienten que no pueden hacer nada para cambiar las cosas. Tienen poco criterio y los demás se sienten frustrados y enojados por su falta de responsabilidad y por su apatía.

*Los tipo 9 malsanos* pueden reprimirse muchísimo y así sufrir un desarrollo personal inadecuado. Se convierten en individuos desvalidos e incapaces. Se vuelven obstinados y niegan con terquedad la existencia de problemas y conflictos. Son seriamente negligentes e irresponsables y pueden ser peligrosos para cualquier persona que los necesite. Si los problemas persisten, se disocian de cualquier cosa amenazante de modo que a la larga no pueden funcionar y se convierten en individuos muy desorientados, despersonalizados, catatónicos e inmovilizados. Existe la posibilidad de colapso emocional y de fragmentación de la personalidad.

Motivaciones clave. Desean crear armonía a su alrededor, evitar conflictos y tensiones, mantener las cosas como son, resistirse a cualquier cosa que los pueda molestar o incomodar.

Miedo básico: de pérdida y separación.

Deseo básico: desean mantener la estabilidad interior y la paz mental.

Ejemplos. Abraham Lincoln, George W. Bush Jr. Joseph Campbell, Ronald Reagan, Gerald Ford, la reina Isabel II, la princesa Grace, Walter Cronkite, George Lucas, Walt Disney, John Kennedy Jr. Sophia Loren, Geena Davis, Lisa Kudrow, Kevin Costner, Keanu Reeves, Woody Harrelson, Ron Howard, Mathew Broderick, Ringo Starr, Whoopi Goldberg, Janet Jackson, Nancy Kerrigan, Jim Hensen, Marc Chagall, Norman Rockwell, "Edith Bunker" y "Marge Simpson".

# UN POCO DE NEUROCIENCIA

-Debido a que estamos en el espacio del pensamiento, tal y como ya os he comentado, me gustaría explicaros ahora, desde la Neurociencia, cómo estamos formados anatómicamente, y cuáles son las funcionalidades de las estructuras cerebrales responsables de nuestra cognición y del procesamiento de nuestros sentidos. Radican en la corteza cerebral. Aunque os lo explicaré de manera muy somera porque, como os podéis imaginar es un sistema muy complejo -siguió explicando Pitia-. Dentro de nuestros cerebros hay un sistema de procesamiento de la información que contiene, al menos, 100.000 millones de células nerviosas. Una extensa red de fibras nerviosas conecta el encéfalo con cada parte del cuerpo, que controla, regula y modula las funciones de cada estructura y sistema corporal. De éstas conexiones dependen nuestras percepciones, pensamientos, movimientos, emociones y sentimientos. La esencia de nuestra identidad, desde un punto de vista biológico, está encerrada en nuestro cerebro.

No obstante, los factores externos, como nuestra educación, nuestras relaciones con el entorno y nuestras experiencias, modifican, a lo largo de nuestra vida, la base de nuestra conducta. No es un aspecto rígido e inamovible, sino que, dependiendo de nuestro ciclo vital, los aspectos conductuales personales se pueden ver alterados, en un sentido tanto negativo como positivo. De ahí, que cuando hablábamos de personalidad, comentábamos éste hecho.

El conocimiento de que el encéfalo controla la conducta surgió en la historia humana recientemente. Aristóteles, el científico más prominente de la antigua Grecia, localizó en el corazón las capacidades mentales. La disputa entre aquellos que localizaban el intelecto en el corazón y los que consideraban que estaba en el cerebro, todavía estaba vigente en tiempos de Shakespeare. En su obra "El Mercader de Venecia" (acto III, escena 2), se apuntaba: *"Dime dónde se origina la fantasía, ¿en el corazón o en el cerebro?"*. Fue a partir del siglo XIX que, gradualmente, se fue aceptando la idea de que es el encéfalo el órgano que coordina y controla la conducta. Fue Galeno, considerado el padre de la medicina, quien ya en el siglo II proporcionó interesantes esquemas de la organización del encéfalo a partir de disecciones a gladiadores romanos. Los anatomistas del Renacimiento describieron las estructuras del encéfalo y elaboraron un vocabulario para cada una de ellas. A pesar de su importancia, el encéfalo humano no pesa más de 1400 gramos de media. La corteza cerebral es la encargada de la memoria, la percepción, el pensamiento, el lenguaje y la conciencia. En ésta estructura plegada humana existen alrededor de 10.000 millones de neuronas. Si la extendiéramos, ocuparíamos unos 2.500 cm2. No obstante, no existe una correlación entre tamaño e inteligencia.

Las funcionalidades de la corteza cerebral podríamos resumirlas muy brevemente en:

• Área frontal: responsable del movimiento, está especializada en diferentes subáreas:

o      El Área motora primaria. Si se estimula produce movimientos aislados en el lado opuesto del cuerpo y contrae musculatura relacionada con la ejecución de movimiento específico. Las áreas del cuerpo están invertidas, de abajo hacia arriba, deglución, lengua, maxilares, labios, laringe, párpado y cejas, dedos, manos, muñeca, codo, hombro, tronco, etc.

o      Área Pre-motora: la función de ésta área es la de almacenar programas de actividad motora, es decir, programa las acciones del área motora primaria.

o Área motora suplementaria, cuya estimulación da como resultado movimientos de las extremidades contralaterales.

o Campo ocular frontal: Controla los movimientos de seguimiento voluntario de los ojos y es independiente de los estímulos visuales. La regulación de los movimientos de seguimiento involuntario ocular se encuentra en la corteza occipital.

o Área motora del lenguaje de Broca: en individuos diestros, ésta área es importante en el hemisferio izquierdo o dominante. Su ablación daría como consecuencia la parálisis del lenguaje.

o Corteza Pre-frontal: Está vinculada con la constitución de la personalidad del individuo. Regula la profundidad de los sentimientos y está relacionada con la determinación de la iniciativa, el juicio del individuo, memoria a largo plazo y atención

• Área Parietal, responsable, básicamente, del procesamiento de la información relacionada con el tacto. Sub-dividida en:

o Área Somatoestésica Primaria: La mayoría de las sensaciones llegan a la corteza desde el lado contralateral del cuerpo.

o        Área Somatoestésica de Asociación: Se cree que su principal función consiste en recibir e integrar diferentes modalidades sensitivas. Por ejemplo reconocer objetos colocados en las manos sin ayuda de la vista, es decir maneja información de forma y tamaño relacionándola con experiencias pasadas.

• Área Occipital, relacionada con el procesamiento de la información que proviene de la vista.

o        Área Visual Primaria: Recibe fibras que vienen de la retina. La mácula lútea, área central de la retina (zona de la visión más perfecta) está representada en la corteza en la parte posterior. Las partes periféricas de la retina están representadas por el área anterior.

o        Área Visual Secundaria: La función consiste en relacionar la información visual recibida por el área visual primaria con experiencias visuales pasadas, lo que permite reconocer y apreciar lo que se está viendo.

• Área Temporal, relacionada con las sensaciones auditivas.

o        Área Auditiva Primaria: la parte anterior vinculada con la recepción de sonidos de baja frecuencia mientras que la parte posterior con los de alta frecuencia.

Una lesión unilateral produce sordera parcial en ambos oídos con mayor pérdida del lado contralateral.

○  Área Auditiva Secundaria: Se cree que esta área es necesaria para la interpretación de los sonidos.

○  Área Sensitiva del Lenguaje de Wernicke: Permite la compresión del lenguaje hablado y de la escritura, es decir, que uno pueda leer una frase en voz alta y comprenderla.

• Otras áreas: Actualmente se cree que tienen relación con la conducta, la discriminación y la interpretación de experiencias sensitivas.

# ¿QUÉ ES EMPRENDER?

- Deberíais comenzar a plantearos una cuestión. Si la intención que tenéis es alcanzar la inmortalidad, también deberíais tener mejores aptitudes ante la vida. Vuestra necesidad de sustento se alargará enormemente en el tiempo, con lo cual, necesitaréis mejorar aptitudes, actitudes y conocimientos, en el caso de que consigáis ser inmortales. Ya veréis más adelante a qué me refiero cuando os hablo de todo esto. Necesitaréis convertiros en personas emprendedoras, capaces de afrontar, sea cual sea el medio en el que viváis, cualquier dificultad que os sobrevenga. Entendemos por *persona emprendedora,* una persona capaz de poner en marcha proyectos de vida que no necesariamente tienen que ser mercantilizados. Hoy en día hablamos de emprendeduria, y por ende de persona emprendedora, refiriéndonos a proyectos de autoempleo -continuó Pitia-. Nos referiremos al *emprendedor*, en un sentido más amplio. Hablaremos de *emprendeduria* como una actitud ante la vida, bien sea para comenzar un proyecto empresarial, bien para mantenerse en el ya existente y prosperar, o para la implementación de una carrera profesional propia. Nos referimos pues, a toda aquella persona, independientemente de su situación laboral, que desee tener herramientas para mejorar su presente y tender un puente hacia su futuro, también en el plano personal.

Una actitud frente a la vida, sea cual sea el proyecto vital, personal, familiar, laboral, estudiantil o de cambio. Para lograr el éxito, es decir, para que el puente hacia el futuro se pueda establecer de manera sólida y duradera, necesitamos unos buenos cimientos, unos materiales adecuados y un diseño que tenga en cuenta las cualidades del entorno, del terreno y las adversidades.

Construiremos un puente con un diseño (actitud), unos materiales (aptitudes); teniendo en cuenta de dónde partimos y hacia dónde vamos (objetivos), y valorando los agentes externos (calibración y resiliencia)

# LA INTELIGENCIA EMOCIONAL

-¿Por qué personas brillantes que trabajan de una manera excepcional individualmente, no lo hacen cuando están sujetos a unas normas jerárquicas y organizativas? ¿Por qué algunos currículums extensos no tienen proporcionalidad directa con la eficiencia y la resolución? –prosiguió Pitia-. La respuesta viene dada por una falta de autoconocimiento de las propias fortalezas y de las áreas susceptibles de mejora. Es importante saber detectar las carencias o puntos débiles y potenciar y reforzar los puntos fuertes.

Cuando hablamos de inteligencia emocional, nos estamos refiriendo a la capacidad personal de poder/saber *IDENTIFICAR* situaciones y *GESTIONAR* las competencias necesarias en cada momento. De la capacidad de aplicar los *RECURSOS* adecuados en los *MOMENTOS* adecuados. Capacidad de sentir, entender, controlar y modificar estados emocionales propios, hacia nosotros mismos y hacia los demás. Para ello es muy importante la *FLEXIBILIDAD* pues nos permite adaptarnos al medio sin traumas. Como los juncos con el aire, se tambalean, pero no llegan a romperse nunca. La inteligencia emocional es, por definición, el conjunto de habilidades psicológicas que permiten apreciar y expresar de manera equilibrada nuestras propias emociones, entender las de los demás y utilizar ésta información para situarnos en el contexto. Sobre ella comenzaron a hablar diferentes autores, aunque en un principio sus trabajos pasaron desapercibidos. En 1940, David Wechsler describió la influencia de factores no cognitivos sobre el comportamiento inteligente, y dijo que los tests de inteligencia no serían del todo completos hasta que no se pudieran describir adecuadamente éstos factores.

Más tarde, Howard Gardner, en 1983, introdujo el concepto de "inteligencias múltiples". Otros autores como Wayne Payne, Stanley Greenspan, Peter Salovey y John Mayer también hicieron referencia al término de inteligencia emocional. No obstante, no fue hasta 1995, cuando Daniel Goleman popularizó el término.

Richard Boyatzis nos dice que la mayoría de las competencias de las personas no son cognitivas, sino que están relacionadas con la inteligencia emocional.

Veamos a qué nos referimos cuando hablamos de competencias:

# COMPETENCIAS

-Hemos comentado la necesidad de gestionar las competencias necesarias en cada momento. Veamos a qué nos estamos refiriendo -continuó Pitia-. Según definiciones de los diccionarios existen diferentes acepciones de la palabra competencia:

El significado de la palabra competencia (del latín *competentia*) tiene dos grandes vertientes: por un lado, hace referencia al enfrentamiento o a la contienda que llevan a cabo dos o más sujetos respecto a algo. En el mismo sentido, se refiere a la rivalidad entre aquéllos que pretenden acceder a lo mismo, a la realidad que viven las empresas que luchan en un determinado sector del mercado al vender o demandar un mismo bien o servicio, y a la competición que se lleva a cabo en el ámbito del deporte.

Por otra parte, el término competencia está vinculado a la capacidad, la habilidad, la destreza o la pericia para realizar algo en específico o tratar un tema determinado:

En el mundo del deporte, la competencia implica una clasificación, con ganadores y perdedores, y la entrega de algún tipo de premio, trofeo o reconocimiento. Existen distintos sistemas de competencia según la modalidad deportiva.

En la economía, la competencia es un contexto que aparece cuando los actores económicos tienen libertad para participar en el mercado a través de la oferta y la demanda de productos y servicios. Esto quiere decir que, cuando hay competencia, existen diversos oferentes y demandantes.

En Pedagogía Conceptual, competencia se utiliza para analizar el desarrollo del pensamiento y está íntimamente relacionado con la formación y la manera en la que se van modificando las estructuras mentales a fin de captar una visión más clara de la realidad. En este ámbito la competencia puede entenderse de diversas formas.

Cuando hace referencia a la capacidad, significa que el estudiante sabe cómo hacer una determinada cosa de acuerdo a los aprendizajes adquiridos. No sólo aprende conceptos sino que además asimila la forma en la que puede aplicarlos.

Cuando se utiliza el concepto en el contexto de la competitividad, la competencia hace referencia a la capacidad de la persona para demostrar que su forma de resolver un determinado conflicto o de hacer algo puntual es la mejor que existe.

Cuando se hace referencia a la competencia desde el punto de vista de la incumbencia, se habla de la capacidad del estudiante para relacionar los conceptos aprendidos con la realidad que le rodea, lo que le permite al individuo involucrarse en su entorno de forma responsable y ética.

Podemos decir que en la Pedagogía Conceptual la competencia consiste en una visión cognitivista. Entendiéndose la misma como la forma en la que se desarrollan los procesos mentales relacionados con la interpretación y la argumentación de los conocimientos y su empleo en la vida cotidiana.

Pitia, comprendiendo las caras de atención de los asistentes, añadió:
- ¿Complicado, no? ¿Con qué definición nos quedamos? Pues con ninguna de ellas.

Hablaremos del concepto desde el punto de vista psicológico y de las competencias personales, aplicables a cualquier objetivo que nos propongamos alcanzar.

## COMPETENCIAS PSICOLÓGICAS PERSONALES

Aquí nos referiremos al conjunto de factores (conocimientos adquiridos, conductas, aptitudes y actitudes) vinculados al éxito de una persona a la hora de desarrollar una determinada acción o proyecto. Veamos cuáles:

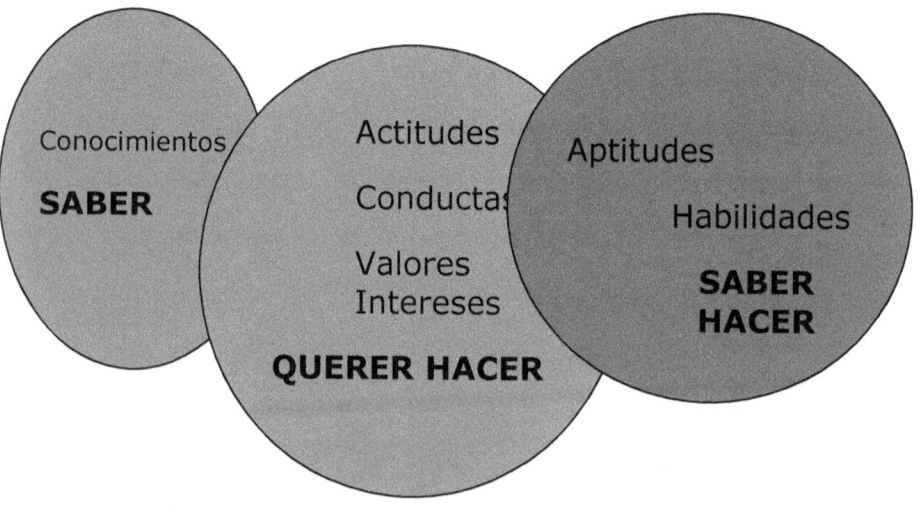

¿Qué competencias debe poseer la persona emprendedora?

## 1. Establecimiento de objetivos / Orientación a resultados

De la misma manera que cuando deseamos ir a un lugar nos preocupamos de saber su localización y nos interesamos por la mejor forma de llegar a él, cuando deseamos implementar un proyecto debemos establecer primero los objetivos que queremos alcanzar, y para hacerlo de manera efectiva os ayudará realizar un ejercicio que os permitirá reflexionar, tomar conciencia y aumentar la confianza en vosotros mismos. Os servirá, en definitiva, para aumentar vuestra autoestima.

- **Imaginad que queréis reflexionar sobre el día que habéis tenido, y quisierais mejorar algunos aspectos.** Cerrad los ojos y visualizad el día como si de una película se tratara. Evaluad las actividades que hayáis llevado a cabo y detened la película cuando queráis mejorar algo en futuras ocasiones.

- **Una vez aquí, calibrad lo que ha sucedido, y pensad en cómo hubiera debido suceder.** Pensad de nuevo en vuestros objetivos y si vuestro comportamiento se ha adecuado a ellos. Plantearos cómo podrían haber sido los comportamientos más adecuados.

- **Una vez sustituida ésta escena, reanudad la película.** Probad qué hubiera pasado con éstos nuevos comportamientos, y cómo hubieran reaccionado vuestros interlocutores, si los hubiera habido. Intentad probar hasta 3 comportamientos alternativos y calibrad cuáles serían los resultados.

• **Una vez elijáis la actitud o el comportamiento más idóneo,** volved a imaginar la situación. Si es necesario, anclad éste comportamiento con alguna parte del cuerpo. ¿Qué quiere decir esto?, que si ésta actitud ideal os cuesta ponerla en práctica, si mientras la pensáis, os miráis, por ejemplo, la mano derecha, cuando estéis en la situación real, os tendréis que mirar la mano derecha para desencadenar el cambio. Os será más fácil que si lo dejáis solamente a la arbitrariedad del tiempo.

• **La práctica es la mejor manera de afianzar ésta técnica.**

## 2 .Creatividad

Capacidad para idear planteamientos y soluciones nuevas y diferentes para resolver problemas o situaciones requeridas. -¿Recordáis cuándo os explicaba los 4 estados de la conciencia, de Jung? ¿Los cuatro elementos de la materia? Pues ahora, seguiremos en ésta línea. Para fomentar la creatividad, y aumentar la capacidad de innovar, involucramos nuestra parte cognitiva del pensamiento, de las sensaciones, de la intuición y de las emociones. Veamos cómo asociamos cada elemento a cada fase del proceso creativo:

**Aire** (generación de las ideas, pensamos en ellas). Hacemos volar nuestra imaginación, dándonos permiso a cualquier idea, por muy descabellada que nos parezca a priori.

**Agua** (evaluación de las ideas, dudas).

Evaluamos aquellas ideas en las qué hemos pensado, valorando posibles riesgos y descartando las que no se adecuan. Las dejamos fluir como si de agua se tratara.

**Tierra** (Concreción y desarrollo).

Creamos el nuevo producto que hemos ideado y pensamos cómo lo incorporamos a nuestros objetivos y lo arraigamos.

**Fuego** (motivación) Ponemos las ideas en marcha incorporando la parte emocional, las ganas de crear y la pasión por nuestro proyecto. De lo contrario, ésta nueva idea se puede quedar en un cajón, aunque solo sea mentalmente.

Dilts, decía de Walt Disney que era una persona creativa que se movía entre los estados de soñador, crítico y realista.

*"La creatividad es un 1% de inspiración y un 99% de transpiración" Johan Wolfgang Von Goethe.*

## 3. Empatía

Capacidad de entender los pensamientos y emociones ajenas, de ponernos en el lugar del otro y compartir sus sentimientos. Nos ayuda a captar los mensajes verbales y no verbales de los demás. Es una cualidad que se puede desarrollar y potenciar. Uno de los errores que solemos cometer, es quitar importancia a aquello que le preocupa al otro. Es im-prescindible para ser empáticos, fomentar la escucha activa, esto significa escuchar intentando entender el mensaje que nos dan y no hacer comparaciones con hechos propios, ni contestando con situaciones similares que nos hayan pasado a nosotros mismos.

CÓMO PODEMOS SER EMPÁTICOS:

Realizar preguntas abiertas

Avanzar en el diálogo sin precipitaciones

Disponer de información suficiente antes de dar nuestra opinión.

No siempre el otro quiere que le demos nuestra opinión. A veces, solo quiere sentirse escuchado.

Ser tolerante.

Respetar las diferencias

# 4. Asertividad

Estilo de comunicación adecuado en nuestras relaciones con los demás. La asertividad es el estado óptimo de comunicación, entre la pasividad (por defecto), y la agresividad (por exceso).

¿Cómo podemos expresar nuestras discrepancias de manera adecuada?

**Estilo pasivo** : no nos atrevemos a dar nuestra opinión

**Estilo agresivo** : increpamos al otro

**Estilo asertivo**: primero expresamos nuestro malestar al otro y después le pedimos un cambio de actitud.

Debemos huir del primero y del segundo.

**Entrenamiento asertivo**

Identificar el estilo de conducta (agresivo, pasivo,)

Identificar situaciones en las qué queremos ser más asertivos.

Describir las situaciones problemáticas (quién, cómo, cuándo)

Escribir un guion para el cambio de nuestra conducta

Lenguaje corporal adecuado

# 5. Capacidad de autocrítica

Es la capacidad de examinar y enjuiciar nuestros propios actos y pensamientos de manera objetiva, y valorar posibles áreas de mejora.

# 6. Comunicación

Capacidad para transmitir de forma efectiva las propias ideas, intenciones, conocimientos, información, etc., de hacer preguntas, comprender a los demás y escuchar de forma activa para llevar adelante un propósito.

*Según Stephen Crane –dijo Pitia- el que puede cambiar sus pensamientos puede cambiar su destino.*

- Es obvio que el lenguaje verbal es la principal vía de comunicación de la que disponemos; aunque podemos añadir el lenguaje no verbal de los gestos, de las posturas corporales.

La falta de precisión en el lenguaje verbal nos puede inducir a problemas de comunicación. Todos sabemos que los malos entendidos pueden provocar situaciones difíciles de resolver.

La PNL nos enseña tres patrones básicos de imprecisiones en el lenguaje que nos pueden conducir a conflictos.

Veamos cuáles son:

**\*Imprecisión por omisión**: damos por sabidos algunos aspectos de nuestro mensaje que no por ello, nuestro interlocutor debe conocer. Se presta a interpretaciones erróneas.

Por ejemplo, si alguien nos dice *"Yo no tengo esperanza"*, podemos entender que está totalmente derruido. Sin embargo, es posible que se refiera sólo a un tema concreto.

**\*Imprecisión por generalización**: La generalización suele incluir palabras o frases tales como "nunca", "nadie", "no puedo", "tengo que" o "debería". Ante el comentario *"Nunca me haces caso"*, estamos dando un mensaje erróneo que parte de una acción concreta en la que no nos hacen caso, seguramente de manera puntual.

**\*Imprecisión por distorsión**: volvemos a hablar de las presuposiciones. Presuponemos que nos hablan de una manera determinada por un hecho que imaginamos. *"Mi pareja está enfadada porque está molesta conmigo"*, cuando es posible que le preocupe algún otro tema, completamente ajeno a nosotros.

- ¿Qué debemos hacer en este caso? -preguntó Alicia, ansiosa por saber-.

- Pues hacer preguntas precisas, de puntualización, de manera asertiva, y procurar crear un clima de confianza. Nunca increpar a nuestro interlocutor –contestó Pitia-.

# 7. Resolución de problemas y toma de decisiones

Capacidad de identificar, analizar y definir los elementos que componen una dificultad para poder abordarla de manera efectiva.

Un método que nos ayudará a la hora de resolver estas dificultades es el CPS ( Creative Problem Solving o Solución Creativa de Problemas)

Es un método creado por Alex Osborn y Sydney Parnes, creadores de la escuela de Buffalo (USA). Utilizan el pensamiento crítico y creativo con el objetivo de obtener resultados novedosos y útiles.

Consta de 6 etapas:

- Formulación del objetivo

- Recogida de la información necesaria para abordar el problema (datos, sensaciones, sentimientos, percepciones, etc.)
- Reformulación del problema
- Generación de ideas
- Selección y refuerzo de las ideas
- Establecimiento de un plan para la acción

Cuando llegamos a la fase de generación de ideas, encontramos dos subfases: una primera, abierta, divergente, de brainstorming, de lluvia de ideas, y una segunda fase, convergente, de selección de las mejores.

Posteriormente, valoramos los pros y los contras de las ideas generadas y escogidas.

## 8. Capacidad de análisis-síntesis

Capacidad de entender las situaciones a partir de las circunstancias y poder así desmenuzarlas y establecer relaciones entre sus partes, así como las prioridades en su ejecución.

## 9. Flexibilidad

Capacidad de aplicar medidas correctoras ante posibles desviaciones en la consecución de nuestros objetivos.

Capacidad de adaptarse al medio, sea cual sea la situación y las condiciones externas.

## 10. Resiliencia

Capacidad de sobreponerse a situaciones adversas y salir fortalecido de ellas. Desde la neurociencia se considera que las personas resilientes tienen mayor equilibrio emocional frente al estrés y pueden soportar mejor la presión y afrontan los retos de manera positiva.

-¿Y cómo vencer las adversidades?, me preguntaréis.

Claro que no es fácil, sobreponerse a las dificultades que nos ofrece la vida. Por supuesto. No obstante, ¿Lo intentamos?.

En primer lugar, debo deciros que es muy importante ser flexibles y resilientes. Os explico el significado de la palabra resiliencia:

Este concepto está tomado de la física y corresponde a la capacidad que tiene un material de regenerarse, de retomar su forma original.

Cuando un material es flexible, puede perder su anatomía primaria, debido a cambios, del tipo que sea; sin embargo, siempre regresa a su forma. Imaginemos una goma elástica. La podemos alargar, doblar, enrollar, modificar, en definitiva, cambiar su forma. Cuando cedamos en la presión, recuperará su estado original.

Por eso, la *FLEXIBILIDAD,* es una cualidad básica en el ser humano que le hace ser más resistente a las adversidades. A una persona rígida en sus esquemas mentales le costará mucho más recuperarse.

Ser flexible significa mantener un amplio espectro de posibilidades en la conducta, siempre de acuerdo con el entorno. Esto no significa perder la esencia misma de la persona, sino saber adaptarse. La facilidad de adaptación ayudará siempre cuando aquello que vivamos no responda a nuestras ideas preconcebidas. Adaptarse significa escoger otros caminos que nos proporcionen la felicidad. Ante un suceso que nos es contrario, no sirve decir que no es lo que esperábamos, y quedarnos en eso, sin más.

Está bien decir que no es lo que esperábamos, pero que seguiremos con nuestros objetivos, aunque sea bus-cando otros caminos.

Si nos proponemos una empresa, del tipo que sea, y nos aparecen las dificultades, deberemos adoptar las actitudes más adecuadas para ese momento con el fin de no desfallecer en el intento.

-¿Y cómo se consigue eso? -preguntó Garcin, que escuchaba con atención a Pitia-. ¿Puede uno olvidarse de alguien? ¿Puede uno olvidarse de algo que te produce dolor?

-Olvidar no es la solución, dijo Pitia. El objetivo es verlo, sentirlo de otra manera.

Os propongo un ejercicio:

Cerrad todos los ojos. Mientras respiráis pausadamente, tranquilamente, pensáis en aquella cosa, o en aquella persona de la que no seáis capaces de abstraer vuestros pensamientos. Tomaros vuestro tiempo.

Ahora, imaginad que en vuestra mano derecha tenéis un mando, como el del televisor.

-¿Eso qué es? -se escuchó un murmullo general-

Pitia soltó una carcajada

-Me olvidaba que venís de otras épocas. Está bien, está bien.

Sabéis que todo aquí es mágico. Pues a partir de ahora también lo será la piedra que quiero que imaginéis que tenéis en vuestra mano.

Esta piedra tiene el poder de acercar o alejar, de cambiar los colores, de cambiar la intensidad de la luz, de modificar el aspecto.

¿Estáis listos?

Se escuchó una afirmación general de la multitud.

– Bien, empecemos.

Cerrad los ojos. Respirad pausadamente, lentamente, profundamente. Tomad vuestro tiempo.

A continuación, imaginaos que tenéis en vuestra mano esa piedra mágica, con poderes, y que sólo responde a vuestras órdenes.

Imaginad la persona, situación, conflicto, dificultad, de la cual queráis salir; la que os provoca sentimientos negativos de los que queréis desprenderos.

Tomad vuestro tiempo...

Cuando la tengáis visualizada, imaginad que está delante de vosotros. No dejéis de respirar calmadamente, pausadamente...

Ahora, con vuestro mando particular, cambiáis la intensidad de la luz que la ilumina hasta casi dejarla en tinieblas...la alejáis de vosotros...más y más...hasta casi hacerla desaparecer en la lejanía....

Sin dejar de respirar de manera profunda y lenta...calmadamente...

Este ejercicio lo debéis practicar tantas veces como necesitéis. Os ayudará a vencer vuestras resistencias, a alejar las ideas intrusivas que se cuelan en vuestros cerebros, a dominar vuestros pensamientos, en definitiva, a ser dueños de vosotros mismos.

Utilizad esta herramienta cada vez que necesitéis cambiar la percepción de algo que no os hace bien.

Os decía que olvidar el hecho no es la solución. Hay que transformarlo, adaptarlo a la nueva realidad y aceptarlo.

Garcin, si sólo intentas olvidar los sentimientos, quedarán escondidos en el subconsciente, y ya que éste es muy potente, te lo recordará cuando menos te lo esperes. Intentará sacarlo a flote, incluso cuando estés con otra persona. O quizás te hará enfermar. La somatización es la enfermedad producida por los sentimientos no superados y las emociones no elaboradas ni gestionadas adecuadamente. No se debe pasar una página sin antes leerla.

La dualidad cuerpo-mente necesita un equilibrio que no se consigue anulando los hechos ni mirando hacia otro lado. Debemos atender aquello que nos inquieta desde la identificación primero para saber cómo nos sentimos y cuál es el motivo de nuestra inquietud (causa). Más tarde desde la elaboración y transformación de la conducta (efecto).

Ahora sabemos qué herramientas debemos comprar en nuestra ferretería emocional. Una vez hecha la lista de la compra, no estaría de más que sigamos intentando conocernos a nosotros mismos; aunque también debemos tener en cuenta que en general no existen los tipos "puros", es decir, todos tenemos algún que otro componente de otro tipo de personalidad, que nos modula o nos potencia la que predomina.

# LOS ESTADOS DEL YO. ANÁLISIS TRANSACCIONAL

- Todas las teorías sobre la psicología humana están de acuerdo en admitir que, de una u otra manera, el pasado influye en nuestra personalidad y en nuestra conducta

-apuntó Pitia- . Una de las teorías más prestigiosas acerca de este asunto es el llamado Análisis Transaccional promovido por Eric Berne. Este reconocido psiquiatra ofrece un marco de referencia sencillo de entender y fácil de utilizar por casi todas las personas a lo largo de su vida. Berne afirma que todos los seres humanos manifiestan tres estados del yo, definidos como "sistemas coherentes de pensamiento y sentimiento manifestados por los correspondientes patrones de conducta". Asegura que no se trata de ideas más o menos útiles ni de neologismos interesantes y fáciles de comprender, sino que esos tres estados se refieren a fenómenos basados en realidades verdaderas.

*El estado 'Padre del yo'.* Derivado de los padres y madres que hemos tenido y de las personas mayores que han intervenido de manera directa en nuestra educación. Es un compendio de las actitudes y del comportamiento incorporado de procedencia externa. Sentimos, pensamos, actuamos y hablamos de una manera muy semejante a como lo hacían nuestros padres y madres cuando éramos niños, ya que ellos fueron modelos básicos en la formación de nuestra personalidad. Sus valores e ideas acerca de la vida, sus pautas de comportamiento, sus normas, reglas y leyes de convivencia, se van a ir grabando en el hijo o hija, e influyen de forma poderosa en la configuración futura de su personalidad. Y todo eso sucede sin que la persona sea consciente de ello, por lo que se terminan reproduciendo pautas aprendidas en la infancia sin apenas ser conscientes de ello.

*El estado 'Niño del yo'.* En él aparecen los impulsos naturales, las primeras experiencias que se nos grabaron en la infancia y cómo respondimos ante ellas. Es la parte de nuestra persona que siente, piensa, actúa, habla y responde igual que lo hacíamos siendo niños. Tiene un tipo de pensamiento mágico e irracional, las relaciones las concibe como algo eminentemente emocional.

*El estado 'Adulto del yo'.* En él percibimos la realidad presente de forma objetiva, de forma organizada, calculamos las circunstancias y consecuencias de nuestros actos con la base de la experiencia y los conocimientos. Es la dimensión interior del individuo, que se caracteriza por el análisis racional de las situaciones, la formulación sensata de juicios y la puesta en marcha del propio sentido de la responsabilidad. Este estado hace posible la supervivencia y, cuando está suficientemente desarrollado, debe analizar si en nuestra conducta hay exceso de influencias inconscientes e irracionales de nuestro padre o de nuestro niño. En nuestro interior dialogan, de manera activa, inconsciente, los tres estados, padre, niño y adulto, dependiendo de las situaciones en las que nos encontremos. Ante un problema pendiente de resolver que nos surja podemos hacer lo siguiente antes de tomar una decisión:

• Ver lo que dicta nuestro padre interior (cuáles deberían ser las pautas a ejecutar)

• Experimentar lo que siente nuestro niño interior (emociones, sentimientos, miedos...)

• Observar la opinión de nuestro adulto interior (parte analítica de pros y contras).

• A partir del conflicto entre los tres estados del yo, podremos identificar en qué consiste esa dificultad y tomar las decisiones oportunas

# AUMENTAR LA AUTOESTIMA ROMPIENDO LAS CREENCIAS LIMITANTES

¡Pitia! -habló Alicia-. Tengo una pregunta para hacerte, bueno, muchas, pero una, principalmente. ¿Cómo podemos hacer para querernos más a nosotros mismos? Porque yo soy una ingenua, y quizás no es así, pero creo que si nos queremos más a nosotros mismos, podremos manifestarnos y comunicarnos mejor con los demás, ¿no?.

Alicia, efectivamente no eres una ingenua, es primordial cultivar la autoestima. Os daré algunas pautas para que esto suceda. ¿Recordáis que hace un rato os he hablado del profesor Tal Ben Shahar?, quién decía "date permiso para ser humano", pues eso incluye algunas consideraciones. Todas ellas son útiles para reafirmar la autoestima:

**1. Afírmate a ti mismo** piensa que eres bueno en algo de lo que no te hayas sentido capaz anteriormente

**2. Evita generalizar.** No caigas en el error de decirte que no eres bueno para alguna tarea si fallas parcialmente. Por ejemplo, no digas que no sabes establecer prioridades porque un día no te hayas sabido planificar.

**3. *No te compares de manera negativa*.** No son buenas las comparaciones negativas con alguien que tenga menos dificultades que tú a la hora de obtener nuevos aprendizajes. Sólo observa cómo lo hace e intenta aplicarte su método. Recuerda la técnica del modelado que hemos comentado antes.

**4. *Aplica*.** La única manera de perder el miedo a lo desconocido es abordándolo y aplicándolo.

Recuerda: la práctica es la base de todo aprendizaje

# RELACIONES INTERPERSONALES. CANALES DE COMUNICACIÓN

Es interesante que nos conozcamos a nosotros mismos, pero también es primordial que las relaciones con nuestros semejantes sean lo más fluidas posibles –argumentó Pitia-. Una relación exitosa, ya sea en el plano personal o en el profesional, requiere el desarrollo de habilidades sociales. Existe un modelo denominado DISC, que permite identificar los diferentes comportamientos humanos. Ésta herramienta os ayudará a entender el por qué las personas interaccionan de una manera determinada. Fue ideado por Willian Moulton Marston y se basa en desarrollar una unidad de medida, la "energía mental". Identifica cuatro modelos de personalidad desde el punto de vista de la influencia sobre los demás.

*Dominante:* Son seres aventureros, competitivos, atrevidos, decididos, directos, innovadores, persistentes, resuelven problemas, orientados a los resultados, con iniciativa. Constantemente observan su reloj, acostumbran a reclinarse hacia atrás en su silla cuando hablan con su interlocutor, podría pensarse, en alguna medida, con intención de retarlo.

*Influyente*: Encantador, confidente, convincente, entusiasta, inspirado, optimista, persuasivo, popular, sociable, confiado, concienzudo. Observador, escéptico.

*Estable*: Amable, amigable, sabe escuchar, paciente, relajado, sincero, consciente, jugador de equipo, comprensivo. Escucha antes de hablar.

*Concienzudo:* Exacto, analítico, consciente, cortés, diplomático, busca hechos, estándares altos, maduro, paciente, preciso. Evasivo, no existe demasiada comunicación verbal. Seguidor de reglas y manuales.

- Aquí todo se divide en *cuatro* –alguien comentó alzando la voz para hacerse oír-

Pitia ladeó su cabeza hacia la derecha estirando su cuello, para intentar averiguar de dónde provenía el argumento. Lo pudo detectar porque la voz venía de una mujer que estaba acompañada de dos hombres que seguían con atención sus comentarios.

La dama levantó la mano para ayudar a su identificación y prosiguió:

- Me parece muy interesante todo lo que usted explica –dijo Isolda-, aunque me parece curioso que el número cuatro esté presente en muchas de las teorías: cuatro estados de la materia, cuatro estados de la consciencia de Jung, y ahora, de nuevo cuatro modos de comunicarnos con los demás. Creo que no deja de ser una anécdota o una casualidad, tal como nos ha comentado cuando nos hablaba del término serendipia; aunque lo que realmente me interesaría saber es cuál es la mejor manera de comunicarnos con éstas personas una vez las hemos identificado.

- Fantástica apreciación, Isolda –respondió Pitia- Precisamente la finalidad de identificar los modos en que los demás se relacionan nos ayudará a establecer mejores vínculos si obedecemos a algunas pautas que os explico a continuación. Al individuo *dominante* no le gusta que le ande-mos por las ramas. Con este tipo de personas será mejor ser concretos, claros y concisos. No les gusta perder el tiempo. A la persona con estilo de comunicación *influyente* le gusta que se interesen por sus cosas, por lo que nos ayudará ser empáticos con él. Con el *estable*, al contrario que con el *dominante,* podemos entablar conversación hablándole incluso de temas personales que le hagan sentirse cómodo, para romper el hielo. Y por último, con el *concienzudo* debemos evitar ser desorganizados en nuestra conversación. Odian la informalidad y la improvisación.

Aún más, si conocemos los canales predominantes de comunicación de nuestros interlocutores, conseguiremos relaciones mucho más provechosas. Podemos hablar de personas visuales, auditivas o kinestésicas, dependiendo del canal predominante. Las personas visuales observan la apariencia de las cosas, y procesan a través de éste canal. Suelen ser personas metódicas y ordenadas. Las personas auditivas, se rigen por lo que escuchan, saben escuchar y les gusta conversar. Las personas kinestésicas, canalizan la realidad a través de los sentimientos, sus recuerdos se basan en aquello que han sentido al vivir alguna experiencia, en las sensaciones que han experimentado. Descubrir el canal de nuestro interlocutor nos ayudará a que nuestra comunicación sea mejor.

-¿Y cómo sabemos cuáles son los canales de comunicación de nuestros interlocutores? -Alicia ya había perdido el miedo a preguntar-. Cuando yo intentaba hablar con el conejo y él no me prestaba atención, ¿quiere esto decir que no me comuniqué bien con él?

-Efectivamente. Os propongo un ejercicio para detectar el canal predominante. Pedid a vuestro interlocutor que os relate una experiencia vivida por él, por ejemplo, una película que haya visto, un viaje que haya realizado o que os describa un paisaje.

La persona visual, os describirá todo lujo de detalles de los colores, las formas, las imágenes, en definitiva, todo aquello que le produjo un impacto tendrá relación con el sentido de la vista. Basará su relato en información canalizada a través de este sentido.

La persona auditiva, os hablará de los sonidos, de la música que envolvía la situación, del murmullo del viento, del sonido de las olas del mar, de las palabras que escuchó, etc.

La persona kinestésica, basará su relato en las sensaciones corporales que le produjo tal experiencia, seguramente expresarán que se sintieron bien, o relajados, o que pasaron miedo, o alegría, etc., en definitiva, su relato estará más vinculado a las emociones experimentadas.

Intentad llevarlo a la práctica y quedaréis sorprendidos de los resultados.

# EL HOMBRE DEL GRAN BIGOTE

Mientras Pitia hablaba dirigiéndose a los presentes, en una esquina, apartado del tumulto, bailaba y cantaba un gran bigote unido a un cuerpo portador de un gabán azul. Parecía no prestar demasiada atención al discurso de Pitia. Su aspecto era el de un personaje más lunático que terrícola. Su movimiento, sin embargo, dejaba al descubierto la asimetría de su cuerpo. Su brazo y su pierna derecha no danzaban al mismo compás que su brazo y su pierna izquierda. Parecía que eran arrastradas aquéllos por éstos.

Pitia calló por un momento, intentando prestar atención tanto a la imagen como al sonido que provenía de aquella persona.

El resto de los presentes volvió sus cabezas siguiendo el trayecto de la mirada de Pitia, con lo que el individuo, notándose admirado, se dirigió con un:

*"La mentira más común es aquélla con la que un hombre se engaña a sí mismo. Engañar a los demás es un defecto relativamente vano".*

Por supuesto, Pitia conocía su identidad, pero lo presentó al resto:

- Friedrich Wilhelm Nietzsche nació, como ya os he dicho, un día_ como hoy, un 15 de octubre.

Filósofo, poeta, músico y filólogo alemán, considerado uno de los pensadores contemporáneos más influyentes del siglo XIX. Su influencia fue notoria en diversos autores, entre otros, Foucault, psicólogo defensor del discurso como forma institucionalizada de construir conocimiento y subjetividad en los individuos, de influir en el pensamiento de los otros. Su idea se centra en la afirmación de la vida como recuperación de la inocencia y la importancia de los valores humanos. Nietzsche escribió una carta a Lou Andreas-Salomé, su amada, a la cual pidió en matrimonio, aunque ésta le rechazó.

Carta a Lou, Tautenburg,

*"¡El cielo se ha despejado sobre mí! Ayer al mediodía hubiera podido decirse que era mi cumpleaños.... ¡Qué años! ¡Qué tormentos de toda especie, qué soledades y qué*

*hastío de la vida! Y contra todo ello, casi contra la vida y la muerte, me he compuesto ésta mi medicina, éstos mis pensamientos con sus pequeñas, pequeñas franjas de cielo despejado sobre sí..."*

No sabía, entonces, que en el cielo despejado, del cual hablaba en su carta, encontraría por parte de Pitia, respuestas a sus preguntas.

# APRENDIZAJE

- ¿Cómo voy a asimilar todo esto? -preguntó Alicia- Pitia, sin perder la sonrisa de sus labios, le contestó:

- Os voy a dar algunas pautas sobre el aprendizaje.

Cuando nos disponemos a aprender algo nuevo, nuestra mente pasa por un proceso de cuatro etapas bien diferenciadas. Isolda, otra vez cuatro –sonrió Pitia- Así, pasamos de no saber nada sobre la materia, a conocer sus contenidos.

- ¡Vaya! -exclamó Alicia-. Cuatro elementos, cuatro etapas. ¡Aquí todo está envuelto del número cuatro! Y del color azul. Y de la fecha 15 de octubre. ¡Ahora veo claro qué es la serendipia!

**PRIMERA ETAPA DEL PROCESO DE APRENDIZAJE. INCOMPETENCIA INCONSCIENTE**. Todavía no somos conscientes de que no sabemos cómo hacer algo correctamente. Esto es debido a que no hemos necesitado anteriormente poner en práctica el aprendizaje de dicha materia. No nos ha hecho falta pensar en ello. Supongamos que alguien nos propone aprender a cómo debemos escuchar a los demás para obtener los mejores resultados. Nunca antes nos lo habíamos propuesto, pero ahora, ya que nos lo proponen, nos ponemos a ello. Aquí comienza el proceso del aprendizaje.

**SEGUNDA ETAPA DEL PROCESO DE APRENDIZAJE. INCOMPETENCIA CONSCIENTE.** Empezamos a cuestionarnos si escuchamos al otro de manera efectiva. Y empezamos a pensar en las ocasiones en las que hemos tenido malos entendidos, por no saber comprender  lo que el otro nos quería decir. Nos comenzamos a cuestionar  si quizás deberíamos aprender a mejorar éste detalle. Empezamos a ser conscientes de que no escuchamos de manera activa. Quizás no prestamos la suficiente atención a nuestro interlocutor. Somos conscientes de nuestra incompetencia en ésta área.

**TERCERA ETAPA DEL PROCESO DE APRENDIZAJE. LA COMPETENCIA CONSCIENTE.** Comenzamos a utilizar las directrices que nos dan. Conseguimos poner en práctica lo aprendido. Esta es la parte dónde somos conscientes de que hemos aprendido algo nuevo, y somos capaces de llevarlo a la práctica.

**CUARTA ETAPA DEL PROCESO DE APRENDIZAJE. LA COMPETENCIA INCONSCIENTE**. Una vez que hemos interiorizado la manera en que debemos hacer aquello que hemos aprendido, lo asimilamos, lo interiorizamos y lo ponemos en práctica, pero ya sin pensar en ello. Es la última etapa del proceso de aprendizaje. Automatizamos el conocimiento y lo ponemos en práctica sin necesidad de pensar en cómo debemos hacerlo.

*Todo conocimiento nuevo necesita de memorización, asimilación y, sobre todo, de práctica. No hay que desanimarse -concluyó Pitia-.*

# LA MARIPOSA AZUL

*"Había un hombre que vivía con sus dos hijas. Las niñas eran curiosas e inteligentes y siempre hacían muchas preguntas. A veces el hombre sabía responder pero, otras veces, no tenía ni idea de la respuesta. Como pretendía ofrecerles la mejor educación, mandó a las niñas de vacaciones a casa de un sabio que vivía en lo alto de una colina.*

*El sabio siempre respondía a todas las preguntas sin ningún tipo de duda. Impacientes con el sabio, las niñas decidieron inventar una pregunta que él no pudiera responder.*

*Así que un día una de ellas capturó una linda mariposa azul con la que pensaba engañar al sabio.*

*¿Qué vas a hacer?" -le preguntó su hermana-.*

*-Voy a esconder la mariposa entre mis manos y preguntarle al sabio si está viva o muerta. Si él dice que está muerta, abriré mis manos y la dejaré volar. Si dice que está viva, la apretaré y la aplastaré. De esta manera, cualquiera que sea*

*su respuesta, ¡será una respuesta equivocada!*

*Las dos niñas fueron entonces al encuentro del sabio, que estaba meditando.*

*-"Tengo aquí una mariposa azul. Dígame, sabio, ¿está viva o muerta?".*

*Muy calmadamente el sabio sonrió y respondió:*

*-"Depende de ti... Ella está en tus manos.".*

*Así es nuestra vida, nuestro presente y nuestro futuro. No debemos culpar a nadie cuando algo falle: somos nosotros los únicos responsables por nuestros errores y malas decisiones" Tú decides...*

# LA REALIDAD DE NUEVO

El conejo blanco de ojos rosados se sacó un reloj del bolsillo, y gritaba "*¡Dios mío, llego tarde! ¡Llego tarde!*"
Alicia corrió tras él. Nunca había visto un conejo con un reloj, y mucho menos que hablara. Su trayecto se vio truncado, ya que, con las prisas, cayó en su madriguera.

***-***

¡Llego tarde! ¡Llego tarde!

Néstor notó una mano sobre su hombro que, instintivamente, le hizo dar un respingo en su asiento a la vez que abría los ojos. El libro de fábulas que soportaba entre sus manos cayó al suelo. Vio una mano, un puño y una manga azul.

¡Llego tarde! ¡Llego tarde!

Alzó la vista y reconoció a su compañero. Salimos dentro de 60 minutos, comandante

Ambos abandonaron apresuradamente la sala dónde Néstor había permanecido sentado durante la espera, y se dirigieron hacia el avión. Por el camino, Néstor intentaba recordar el sueño que había tenido, y en el que, no sabía cómo, habían aparecido gran cantidad de personajes que hasta entonces sólo existían entre las páginas de los libros que había leído, o entre las notas de las músicas que había escuchado. Morfeo los había sacado de su pasividad. Algunos pertenecían a libros que había leído durante su infancia, otros, a fragmentos de libros de psicología que tenía su hermano. Recordaba que le encantaba abrirlos e investigar sobre las personas y sus comportamientos. Su subconsciente guardaba toda aquella información sin que él lo supiera. Pitia tenía razón, el subconsciente es muy poderoso, y muchas veces, muy a nuestro pesar, en algún momento de la vida, nos recuerda aquello que está almacenado. Por eso es muy importante archivar mentalmente los temas de la manera adecuada, elaborados y superados, sin traumas. De no ser así, es posible que el pasado obstaculice el presente y, también, el futuro. Para Néstor, de alguna manera, ahora todo se relacionaba. Recordó algunas indicaciones de Pitia, lo cual le hizo pensar en los matices de las cosas, en la necesidad de no categorizar, en la posibilidad de adoptar mayor flexibilidad mental y, en definitiva, en la posibilidad de mejorar personalmente. Por ejemplo, en su sueño, Pitia había comentado al grupo el significado de la palabra *halo*. Para él, éste efecto tenía un significado técnico: El efecto halo, también denominado efecto gloria o anthelion, se producía por la dispersión de la luz al pasar a través de las gotas de agua que forman las nubes. Dependiendo de la uniformidad de éstas gotas, en alguna ocasión, Néstor había podido observar varios anillos concéntricos, con los colores del arco iris. Cuánto más pequeñas eran las gotas, más grande eran los anillos. Se podía observar desde el avión cuando se sucedían unas condiciones atmosféricas determinadas. Lo más curio-so de éste efecto, es que se situaba en el punto del avión donde se encontraba el observador, de manera que cada pasajero podía ver cómo los anillos del arco iris rodeaban el lugar dónde se hallaba dentro del aparato. No era fácil verlo, debido a las condiciones meteorológicas que se deben dar.

El ejemplo le sirvió para comprobar que existían más puntos de vista que el suyo propio.

Se prometió que a partir de ahora dedicaría más tiempo a conocerse a sí mismo.

# NOTA DE LA AUTORA

Todos somos un poco Néstor. Nos pasamos la vida preparándonos académicamente para acceder a trabajos que proporcionen estabilidad a nuestras vidas, y una vez conseguidos, continuamos preparándonos para mejorar. Estudiamos manuales, procedimientos, programas, proyectos y aplicativos. Asistimos a jornadas, congresos, seminarios, cursos y ponencias. Sin embargo, ¿Cuánto tiempo empleamos para conocernos, en mejorarnos, en ser resolutivos para potenciar nuestros puntos fuertes y aprender de nuestros errores con el objetivo de mejorar los puntos débiles? ¿Cuánto tiempo invertimos en hacer atribuciones externas, culpabilizando siempre a los demás de nuestros fallos? ¿Cuánto tiempo dedicamos a potenciarnos como personas, en definitiva? ¿Empezamos desde hoy? Debemos pensar que nuestra mejor herramienta es nuestra persona. Si no la mantenemos, si no la mimamos, no nos podrá ayudar a alcanzar nuestros objetivos. Comencemos por conocernos a nosotros mismos e intentemos saber cómo es nuestro inter-locutor. Es la mejor inversión de futuro que podemos hacer.

La emprendeduría no significa únicamente montar un negocio, significa elegir nuestro camino de vida escogiendo las mejores herramientas.

He intentado hacer un guiño al lector desde los personajes infantiles, para situarlo en su YO niño, donde la plasticidad cerebral es muy elevada. No deberíamos perder nunca nuestra capacidad de asombro ni de ilusionarnos.

Todas las fábulas tienen su moraleja. Este libro pretende también tener la suya. El doble significado de su título "¿Nos conocemos?", desea, por un lado, saludar al lector y, por otro, preguntarle si realmente nos conocemos a nosotros mismos. Es muy importante el conocimiento propio, la identificación de nuestros defectos y de nuestras virtudes. Sólo así podremos avanzar para mejorar. El mirar hacia otro lado, el no intentar ahondar en la práctica de la mejora personal, el no querer abordar las dificultades desde la óptica de la solución, no nos lleva más que a un camino yermo e inhóspito. Si, por el contrario, miramos el problema como quien mira el barro de un torno, con la esperanza de moldear un objeto atrayente y útil, entonces, habremos comenzado a caminar en la dirección de nuestra felicidad. Debemos comenzar siempre por la identificación de la dificultad. Preguntas como ¿Cuál es el problema?, ¿Qué me está pasando? ¿Por qué no logro lo que me propongo?, etc., son primordiales para comenzar a trabajar sobre nosotros mismos. Todo, o casi todo lo que hacemos en nuestras vidas, pasa por diferentes exámenes. Cuando cocinamos, probamos nuestros platos para saber si debemos añadir más sal o no. Si nuestro coche falla, el mecánico, lo primero que hará será poner el motor en marcha y escuchar cómo responde. En nuestros trabajos, aprendemos los procedimientos que deberemos poner en práctica. La secuencia ensayo-error está muy presente en todo lo que nos rodea. Y así sucesivamente con todas y cada una de las facetas de nuestras vidas. Sin embargo, ¿Cuánto tiempo dedicamos a estudiarnos a nosotros mismos? ¿Cuánto tiempo dedicamos a identificar aquello que nos pasa, por qué nos pasa?

Es muy importante la conexión conocimiento-sentimiento, mente-cuerpo, para lo cual es fundamental saber gestionar nuestras emociones. Es un tema interesante y suficientemente amplio como para asignarle un espacio propio. Si lo asociamos, de manera metafórica, a los cuatro estados de la materia y a los cuatro estados de la consciencia según Jung, lo trataremos más adelante desde el agua.

¡Nos vemos en el agua!

# ¿QUIERES TOMAR TUS PROPIAS NOTAS?

Si a medida que vas leyendo el libro quieres ir anotando ideas para trabajar sobre ti mismo, puedes hacerlo en las páginas que te brindo a continuación.